Heinz Stade

# Bauhaus

Rhino Westentaschen-Bibliothek
Band 52

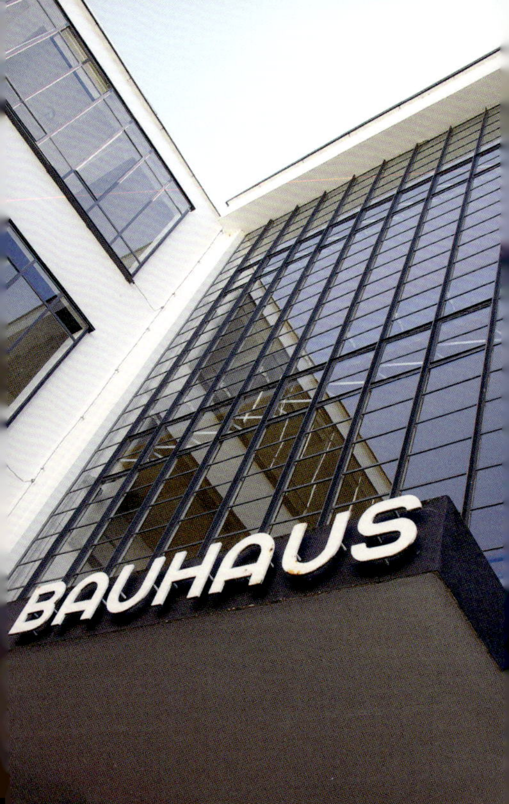
BAUHAUS

heinz stade

# bauhaus

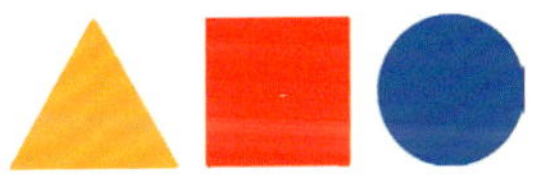

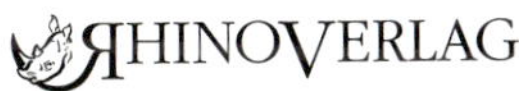

Trotz gewissenhafter Bearbeitung kann eine Haftung für den Inhalt nicht übernommen werden. Für aktuelle Ergänzungen und Anregungen ist der Verlag jederzeit dankbar.
Wir bedanken uns bei allen, die uns unterstützt haben.



## Impressum

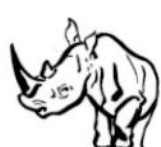


Am Hang 27, 98693 Ilmenau
Tel.: 03677/46628-0, Fax: 03677/46628-80
www.RhinoVerlag.de



| | |
|---|---|
| **Titelbild:** | Bauhausgebäude in Dessau; dessauer, fotolia.com |
| **Layout, Satz:** | Verlag ***grünes herz***®, Sibylle Senftleben |
| **Schrift:** | Futura |
| **Titelgestaltung:** | Jana Rogge, Weimar |

2. Auflage 2019
**ISBN: 978-3-95560-052-5**

# Inhaltsverzeichnis

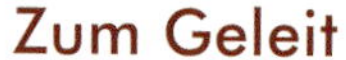

# Zum Geleit

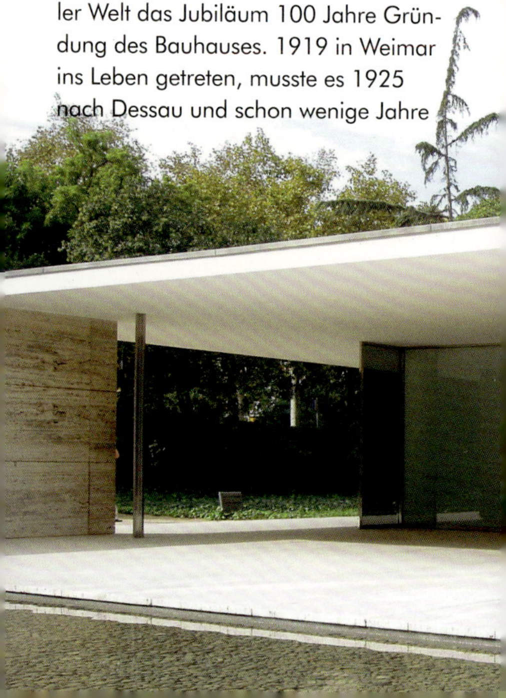

2019 begeht Deutschland mit Partnern in aller Welt das Jubiläum 100 Jahre Gründung des Bauhauses. 1919 in Weimar ins Leben getreten, musste es 1925 nach Dessau und schon wenige Jahre später nach Berlin umziehen. Hier wurde es 1933 unter dem Druck der Nationalsozialisten geschlossen. Obgleich das Bauhaus insgesamt nur 14 Jahre existierte, gilt es bis heute als die weltweit renommierteste Hochschule für Gestaltung der Moderne. Aus politischen Gründen immer wieder zu Neuanfängen

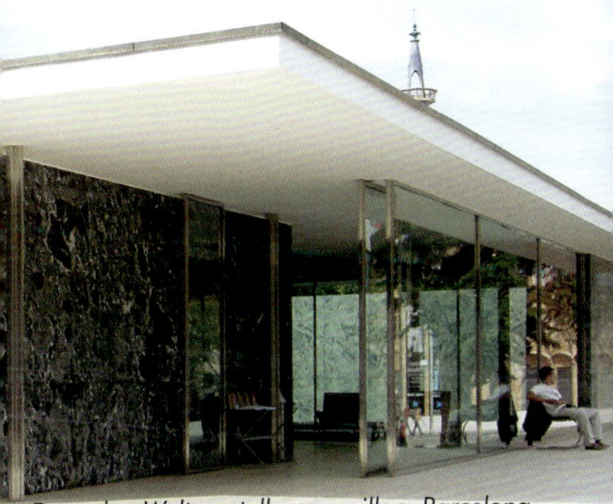

*Deutscher Weltausstellungspavillon, Barcelona 1929 (Rekonstruktion 1986)*

gezwungen, erfand sich das Bauhaus unter den drei Direktoren Walter Gropius, Hannes Meyer und Ludwig Mies van der Rohe immer ein wenig neu. Der Anspruch, Gestaltung von Grund auf neu zu denken und keine überlieferten Gewissheiten zu akzeptieren, ebnete den Weg zum künstlerischen Aufbruch in die Moderne. Bauhaus-Meister Alfred Arndt hatte in seiner Ansprache zur Eröffnung des Bauhauses Dessau den hohen Anspruch formuliert: „Wir stehen am Anfang – trotz aller schon geleisteten Arbeit! Das Haus steht … es sei der Grundstock für die bewusste Arbeit am Bau einer neuen Welt."
Bauhaus? Den Namen hatte sich Walter Gropius einfallen lassen. Er orientierte sich dabei an den mittelalterlichen Bauhütten, in denen alle Gewerke und Künste gleichberechtigt zusammengearbeitet haben. Das Bauhaus suchte die zuvor an den Akademien getrennten Künste wieder zu vereinen, um zu einer zeitgemäßen

Kunst und Architektur zu gelangen. Die am Bauhaus versammelte künstlerische Avantgarde wollte zu einer gesellschaftsverändernden Kraft werden und einen modernen Menschentyp und seine Umwelt formen. In einer transdisziplinären Werkgemeinschaft sollte der „Bau der Zukunft" – und damit nicht zuletzt die Zukunft selbst – erdacht und erschaffen werden. Im Dezember 1996 sind die Bauhausstätten in Weimar und Dessau in die Welterbeliste der UNESCO aufgenommen worden. Anlässlich des 100. Gründungsjahres 2019 öffnen in Weimar, Dessau und Berlin neue Bauhausmuseen. Ebenso lohnend sind Reisen zu den authentischen Bauhaus-Zeugnissen, die sich vor allem im mitteldeutschen Raum konzentrieren. Dieses kleine Buch kann naturgemäß nicht alles zeigen und versteht sich daher als Einladung zur Spurensuche, als Begleiter vor Ort.

*Heinz Stade*

# Das Bauhaus im Überblick

## Zeittafel

**1900:** Um die Jahrhundertwende wird in der Reichshauptstadt Berlin die Idee diskutiert, im Land ein neues geistig-kulturelles Zentrum zu etablieren. In das Blickfeld für einen geeigneten Ort rückte sehr bald Weimar, das mit Goethe und Schiller ein „Goldenes", und zwei Generationen später u. a. mit Franz Liszt und Richard Wagner ein „Silbernes Zeitalter" vorzuweisen hat. Kurzzeitig gelingt es, Weimar erneut auf Augenhöhe mit anderen wichtigen europäischen Kunststädten zu heben. Die Verpflichtung des belgischen „Alleskünstlers" Henry van de Velde nach Weimar ist ein vielbeachtetes Signal.

**1902:** Im April tritt van de Velde sein Amt als Berater für Industrie und Kunstgewerbe an. Die ihm zugesagte Errichtung einer Kunstgewerbeschule wird aber erst 1907 Realität.

**1914:** Spätestens mit Beginn des Ersten

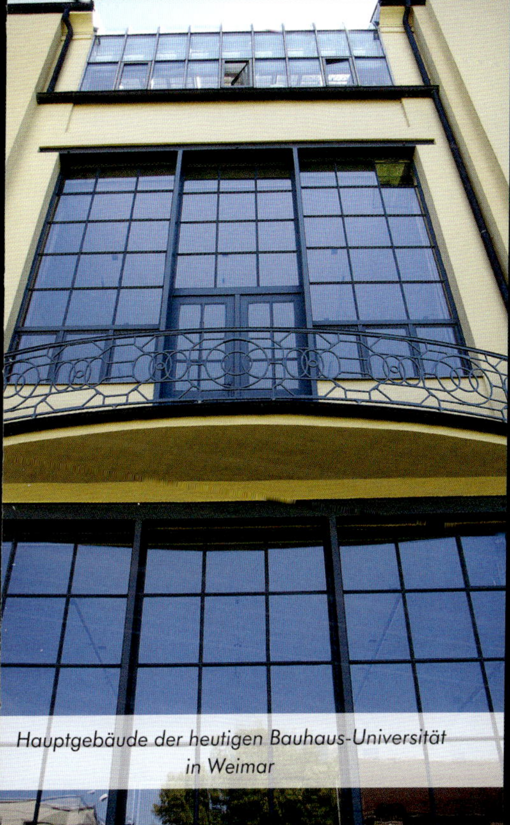

Hauptgebäude der heutigen Bauhaus-Universität in Weimar

Weltkrieges war die Idee vom „Neuen Weimar" verschüttet. Van de Velde hatte schon im Sommer seine Demission eingereicht. Als einen seiner möglichen Nachfolger im Amt des Direktors der Kunstgewerbeschule schlägt er u. a. Walter Gropius vor.

**1919:** Nach dem Ende des Ersten Weltkrieges geht man in Weimar an die Neustrukturierung des Kunstschulbetriebes. Unter Walter Gropius gründet sich im April das „Staatliche Bauhaus Weimar", das zunächst noch mit dem Zusatz „Ehemalige Großherzoglich-Sächsische

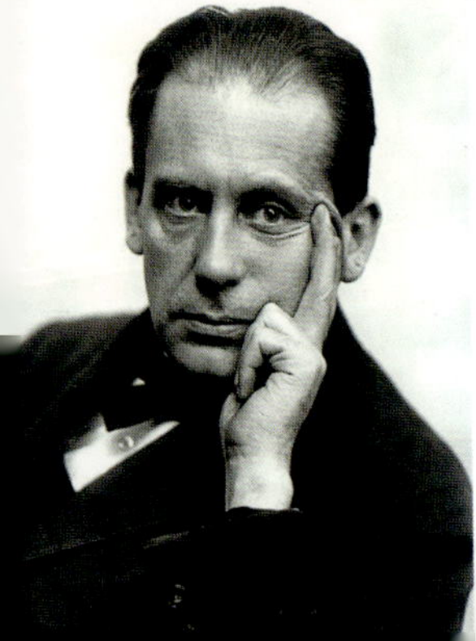

*Walter Gropius – 1919*

Hochschule für bildende Kunst und Ehemalige Großherzoglich-Sächsische Kunstgewerbeschule in Vereinigung" firmiert.

1923: Im Sommer dokumentiert eine von den Behörden geforderte, von Gropius aber auch als Chance gesehene mehrwöchige Ausstellung in Weimar die ersten fünf Jahre Bauhaus in Weimar. Mit dieser Schau erweitert sich zugleich der Bauhaus-Begriff. Gropius bringt ihn so auf den Punkt: „Kunst und Technik – eine neue Einheit". Es beginnt der Wandel vom Kunsthandwerklichem hin zur Entwicklung von Prototypen für die industrielle Massenproduktion.

1925: Das seit seiner Gründung politisch umstrittene, und von einem Großteil der Weimarer Bevölkerung ablehnend betrachtete Bauhaus, erklärt nach erfolglosen Verhandlungen mit der bürgerlich-konservativen Landesregierung die Auflösung des Weimarer Instituts zum 1. April. Eine Alternative zur

Weiterführung der Schule findet sich im industriell aufstrebenden Dessau.
**1926:** Im Dezember ziehen die Lehrkräfte und Studenten nach Dessau in das von ihrem Gründungsdirektor Gropius entworfene Schulgebäude – eine Ikone der Moderne, die international als Vorbild eines modernen Zweckbaus gefeiert wird.
**1928:** Politischer und wirtschaftlicher Druck führt zum Rücktritt von Gropius als Direktor. Nachfolger wird der bereits am Bauhaus arbeitende Schweizer Architekt Hannes Meyer. Unter seiner Leitung geht es nicht mehr um Kunst und Technik als neue Einheit sondern um „Volksbedarf statt Luxusbedarf". So wird hier beispielsweise und lange übrigens vor dem großen schwedischen Möbelkonzern, mit zerleg- und zusammenklappbaren Möbeln experimentiert. Den größten wirtschaftlichen Erfolg hat das Bauhaus in dieser Zeit mit seinen Tapeten.

1930: Die politischen Umtriebe und Ansichten am Bauhaus passen den Dessauer Oberen nicht – Hannes Meyer wird fristlos entlassen. Der Architekt Ludwig Mies van der Rohe wird neuer Direktor.

1932: Im Oktober verkündet der Dessauer Gemeinderat die Schließung des Bauhauses. Der Direktor und seine Mitstreiter ver-

*Kornhaus, Dessau*

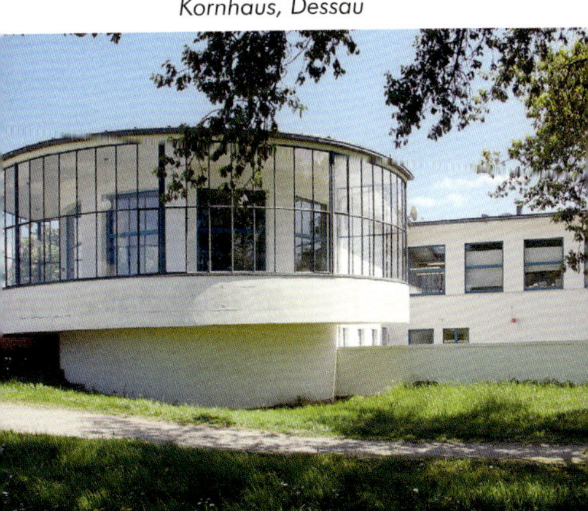

suchen in einer stillgelegten Telefonfabrik in Berlin mit einer Privatschule die Idee Bauhaus fortzuführen.

1933: Im Juli gibt man die Selbstsauflösung des Bauhauses bekannt, um einer Auflösung durch die NSDAP zuvorzukommen, die das Bauhaus bereits im April durchsuchen lassen hatte. Viele Bauhäusler emigrieren und tragen so die Gedanken, Ideen und Ansprüche der Einrichtung in die Welt.

## Ausbildung am Bauhaus

Bevor sich ein Schüler am Bauhaus für das Arbeiten und Lernen in einer oder mehrerer der Werkstätten entschloss, musste er zunächst ein Semester lang einen Vorkurs besuchen, der vom Schweizer Künstler Johannes Itten entwickelt worden war. Im Vorkurs übten die Schüler den Umgang mit Materialien wie Papier, Holz, Metall etc. und lernten die unterschiedlichen Eigenschaften dieser

Stoffe kennen. Walter Gropius schrieb später dazu: „Ziel des Vorkurses für die Schüler war es, bestimmte Vorlieben und Talente zu erkennen, um sich am Ende des ersten Semesters endgültig für den weiteren Studienlauf zu entscheiden". Ittens Vorkurs galt damals als revolutionär und ist Vorbild für den heutigen Unterricht an Kunstgewerbeschulen.

Nachdem die Schüler den Vorkurs absolviert hatten, konnten sie in folgenden Werkstätten mitarbeiten: Druckerei, Töpferei, Steinbildhauerei, Metallwerkstatt, Wandmalerei, Glasmalerei, Tischlerei, Weberei, Bühnenwerkstatt, Holzbildhauerei, Buchbinderei. Ab 1927 gab es zudem

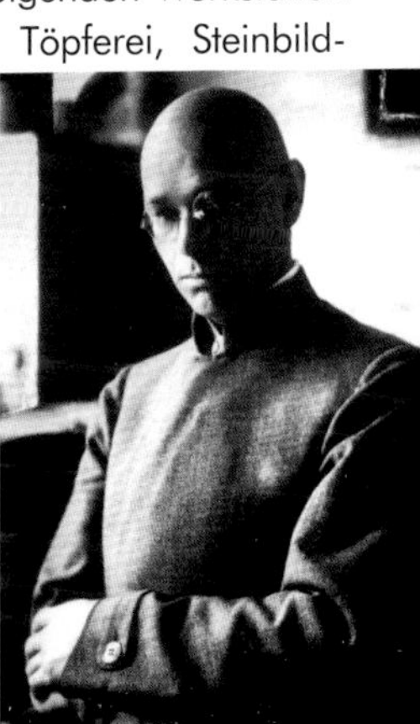

*Johannes Itten (1888–1967)*

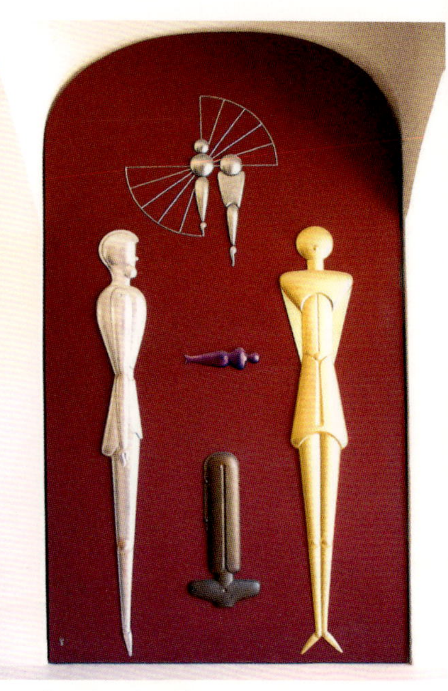

*Plastik in der ehemaligen Kunstgewerbeschule Weimar, 1923 (Oskar Schlemmer)*

eine Architekturabteilung und sogenannte „freie Malklassen", in denen Paul Klee und Wassily Kandinsky unterrichteten.

## Architektur am Bauhaus

Glas, Stahl und Beton waren die Baustoffe, mit denen die Bauhausarchitekten ihre Häuser planten. Zur Bauhausausstellung 1923 in Weimar entwarf Gropius ein Mustergebäude, das Haus am Horn. Hier sollte erstmals ein modernes Einfamilienhaus möglichst billig entwickelt werden. Ziel war es, das Haus für den „Mann von der Straße" erschwinglich zu machen. Das von einem Flachdach überdeckte Haus war für damalige Verhältnisse mit Zentralheizung und Warmwasserboilern topmodern ausgestattet.

## Design am Bauhaus

Die Kunsthandwerker bzw. die Designer am Bauhaus wollten möglichst zweckmäßige und einfache Produkte entwerfen. In der Anfangszeit wurde sehr viel Kunsthandwerk betrieben, doch ab 1923 wollte man Industrieprodukte entwerfen, die für jedermann erschwinglich sein sollten und sich besonders durch ihre Funktionalität auszeichnen. Diese gingen teilweise in den Werkstätten des Bauhauses in Serienproduktion, viele wurden aber auch von der Industrie mit Lizenzen gefertigt. Ent-

---

*Wassily Chairs (Modell B3) von Marcel Breuer (1925/26)*

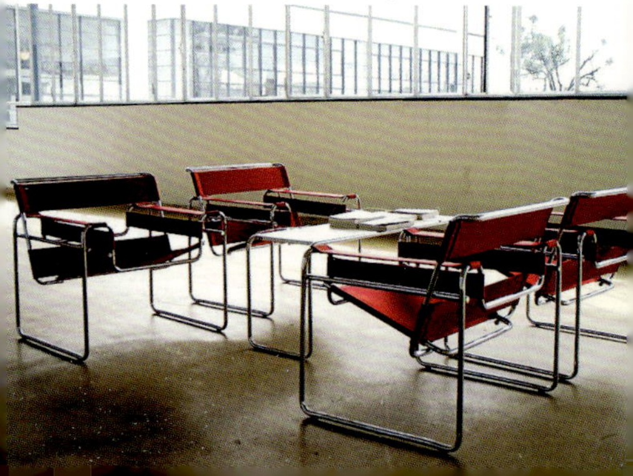

wickelt wurden u. a. Lampen, Bestecke, Teekannen oder auch Tische und Stühle.

## Malerei am Bauhaus

Am Bauhaus waren hochkarätige Maler der damaligen Zeit als Meister tätig, wie Paul Klee, Wassily Kandinsky, Lyonel Feininger und Oskar Schlemmer. Klee verfasste in seiner Zeit am Bauhaus das „Pädagogische Skizzenbuch" und Kandinsky eine Schrift über die Möglichkeiten geometrischer-konstruktiver Gestaltung mit dem Titel „Von Punkt und Linie zur Fläche".

## Bauhaus-Feste

Den Aufbruch in eine neue Zeit vollzogen die Bauhäusler nicht nur in ihrer Zusammenarbeit, sondern auch durch das gemeinsame Leben am Bauhaus. Schon das Bauhausmanifest des Gründers Walter Gropius von 1919 verkündete als festen Bestandteil des Programms: „Theater, Vorträge, Dichtkunst, Musik, Kostümfeste. Aufbau eines heiteren Zeremoniells bei diesen Zusammenkünften." Hinzu kamen das gemeinsame Wohnen und Essen, die Erholung und der Sport, für die insbesondere das Bauhausgebäude in Dessau vielfältige Möglichkeiten bot. In den berühmten Bauhausfesten ließen Lehrer wie Studenten ihrem kreativem Potenzial und ihrer Gestaltungsfreude freien Lauf. Wochenlang wurde an der Organisation und Gestaltung von Laternen-, Drachen-, Weihnachts- oder Mottofesten wie dem „bart-, nasen- und herzensfest" oder dem „Metallischen Fest" gearbeitet. Fast alle Werkstätten waren an der Umsetzung beteiligt. Die Feste förderten den Kontakt zwischen der Schule und der Öffentlichkeit, den Gemeinschaftsgeist und die Entfaltung des „Spieltriebs". Oskar Schlemmer hatte das Spiel als Kraft erkannt. Er konzipierte die großen öffentlichen Feste und nutzte sie zugleich als eine Art Ver-

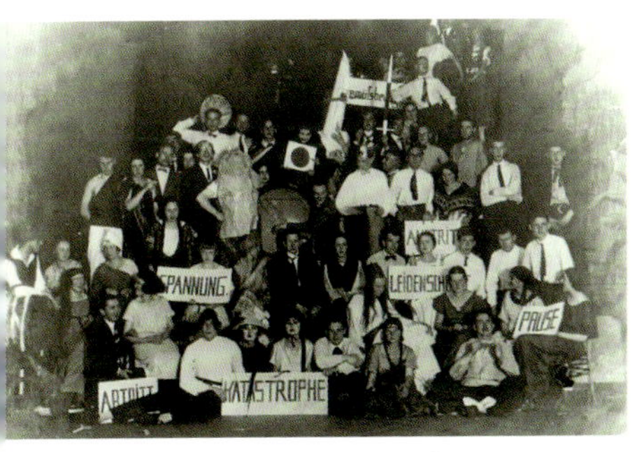


*Bauhausfest im Ilmschlösschen bei Weimar, 29.11.1924*

suchsplatz für die von ihm geleitete Bühnenwerkstatt. Während den Festen der Weimarer Zeit noch der Geist der naturverbundenen Wandervogelbewegung anhaftete, wurden die der Dessauer Zeit zum kulturellen Ereignis. Nun tanzte man nicht mehr zur Musik einer Ziehharmonika, sondern zu den Jazzklängen der schnell auch über die Grenzen der Schule hinaus bekannten Bauhauskapelle.

## Das Bauhaus nach 1933

Die überwiegende Mehrzahl der Künstler, die am Bauhaus tätig gewesen waren, wanderte in den 1930er-Jahren aus. Walter Gropius wurde 1937 Professor in Harvard, Mies van der Rohe ging an das Illinois Institute of Technology in Chicago, Lyonel Feininger übersiedelte 1937 in seine Geburtsstadt New York, wo er sich als freier Maler niederließ. Wassily Kandinksy verließ Deutschland bereits 1933 und zog nach Paris.

Es gab auch Schul-Neugründungen, die an die Bauhaustradition anknüpften:

1937 wurde in Chicago vom ehemaligen Bauhausmeister Moholy-Nagy das New Bauhaus (seit 1949 Institute of Design) gegründet.

1955 wurde in Ulm die private Hochschule für Gestaltung (HFG)

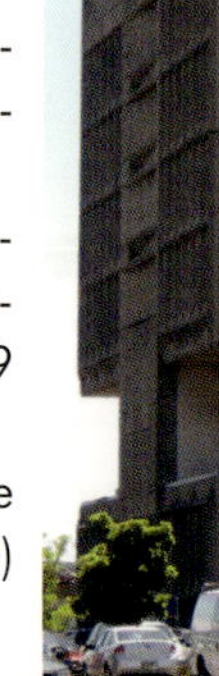

gegründet. An der HFG wurde unter anderem das Erscheinungsbild von BMW und Lufthansa entworfen. 1968 kam es wegen Geldmangel zur Schließung der Einrichtung.

---

*Pirelli Building, New Haven, Connecticut, 1969*
*(Marcel Breuer)*

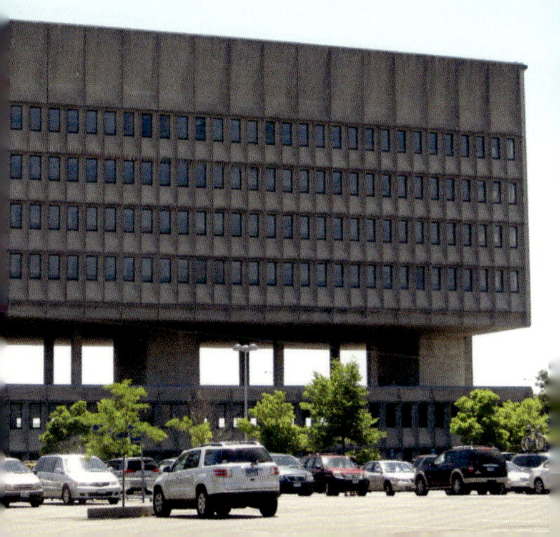

# Bauhaus authentisch:

## Weimar

Weimar besitzt eine einzigartige Sammlung zur Vorgeschichte, zur Geschichte und Nachwirkung des Staatlichen Bauhauses, das hier 1919 gegründet wurde. Nach der im Bauhaus-Archiv Berlin ist sie die nach Umfang und Qualität bedeutendste weltweit. 1996 wurden die Bauhausstätten in Weimar und Dessau in die Weltkulturerbeliste der UNESCO aufgenommen. Zu den Bauhausstätten in Weimar gehören das Hauptgebäude der heutigen Bauhaus-

*Von Henry van de Velde entworfenes Lehrgebäude in Weimar*

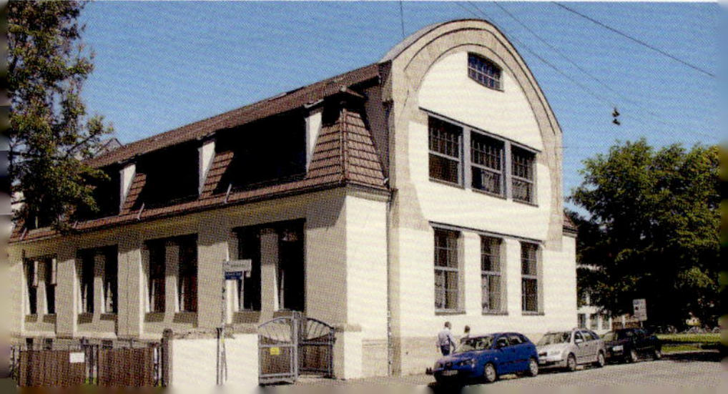

Universität, der von einem markanten Giebel geprägte kleine Van-de-Velde-Bau gegenüber (ehemalige Großherzoglich-Sächsische Kunstschule und Großherzoglich-Sächsische Kunstgewerbeschule), das Musterhaus Am Horn, die ehemalige Bauhaus Mensa sowie die keramische Werkstatt des Staatlichen Bauhauses in Dornburg bei Jena.

*Der Hauptsitz des Bauhauses:* Auf den Spuren des Bauhauses in Weimar unterwegs, beginnt man einen Rundgang am besten an dem heute zur Bauhaus-Universität gehörenden beiden Gebäuden der ehemaligen Großherzoglichen Kunst- und Kunstgewerbeschule, die ihren Aufschwung ab 1908 unter dem belgischem Künstler Henry van de Velde erlebte. Die in ihrer Form und Funktion unterschiedlichen Bauten wurden nach Entwürfen van de Veldes errichtet. Zusammen mit dem früher entstandenen Prellerhaus bildeten diese Gebäude den Hauptsitz des Bauhauses.

Im Hauptgebäude, das durch teilweise Neugestaltung quasi selbst zu einem Objekt der Bauhaus-Ausstellung von 1923 geworden war, gehört das 1999 im Sinne einer kritischen Rekonstruktion wiedererstandene Gropiuszimmer (Direktorenzimmer) zu den Höhepunkten. Auf Anfrage ist es zu besichtigen.
_Das Musterhaus Am Horn:_ „Die neuaufdämmernde Erkenntnis der Einheit aller Dinge und Erscheinungen bringt aller menschlichen Gestaltungsarbeit einen gemeinsamen, tief in uns selbst beruhenden Sinn" – so beginnt Walter Gropius 1923 die Programmschrift aus Anlass einer Ausstellung des Staatlichen Bauhauses Weimar. Sinnfälliger und praktisch erlebbarer Ausdruck des Gropius-Gedankens war auch das im Rahmen der Ausstellung gebaute Musterhaus Am Horn Nr. 61. Das oberhalb des Ilm-Parks liegende Gebäude entstand in nur vier Monaten Bauzeit nach einem Entwurf von Georg Muche

(1895–1987), der aus einem Wettbewerb als Sieger hervorgegangen war. Gedacht war das Bauwerk als Auftakt für eine ganze Musterhaus-Siedlung, doch dazu kam es nicht. Das zwölf mal zwölf Meter messende Haus repräsentiert eine auf pragmatische Wohnverhältnisse und auf ständige Kommunikation gerichtete Baugesinnung. Um einen quadratischen Zentralraum, der durch ein Oberlicht wie ein Atrium wirkt, gruppieren sich die Räume. An der Einrichtung des auf die Bedürfnisse der berufstätigen Kleinfamilie abgestimmten Hauses waren mehrere Pädagogen und Studenten des Bauhauses betei-

*Haus Am Horn in Weimar*

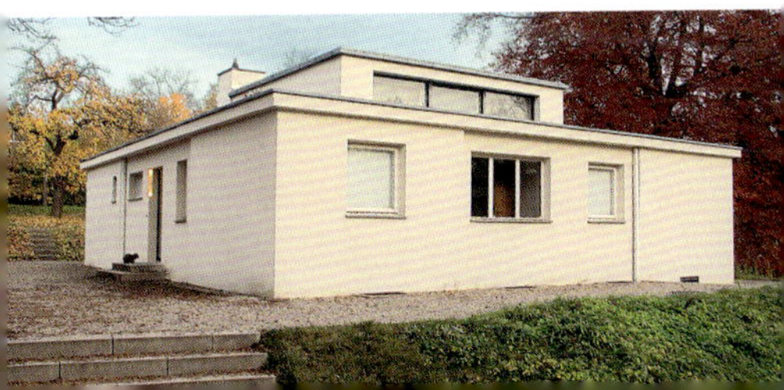

ligt. Das zu besichtigende Gebäude ist die einzige architektonische Hinterlassenschaft des Bauhauses in Weimar.

_Das Haus Hohe Pappeln:_ Der belgische „Alleskünstler" Henry van de Velde (1863–1957) zählt zu den wichtigsten europäischen Gestaltern der ersten Hälfte des 20. Jahrhunderts. Für den universal denkenden und arbeitenden Meister des Jugendstils gehörten die Gestaltung eines Hauses und eines Raumes, die Form von Kleidung und Schmuck,

*Das Haus Hohe Pappeln in Weimar*

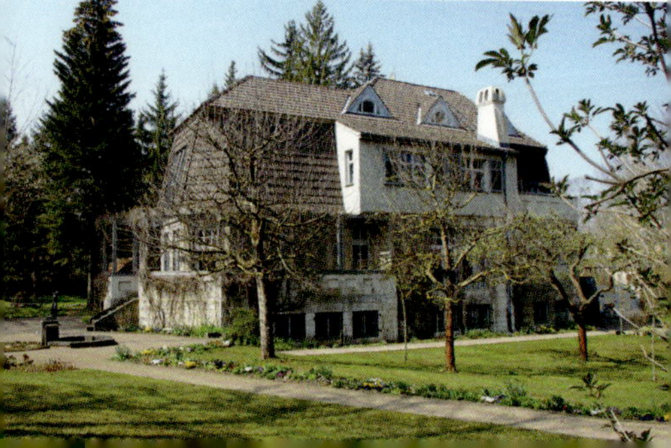

aber auch das Design von Alltagsgegenständen zusammen. Henry van de Velde ignorierte die Grenzen zwischen Kunst und Kunsthandwerk und gestaltete Objekte praktisch für jedes Gebiet des Lebens. Seit 1902 war er in Weimar als Berater für Industrie und Kunstgewerbe sowie als Leiter der Herzoglichen Kunstgewerbeschule tätig. Zunächst in der Innenstadt zur Miete wohnend, baute er alsbald am Rande der Stadt (Belvederer Allee) ein Refugium für sich und seine Familie. Das von ihm bis 1917 bewohnte „Haus Hohe Pappeln" war als Gesamtkunstwerk entstanden. Über viele Besitzerwechsel ging dieser Eindruck vor allem im Inneren verloren. Das von außen eher trutzig wirkende Bauwerk peu à peu wieder seinem ursprünglichen Zustand anzunähern, ist erklärtes Anliegen der Klassik Stiftung Weimar, zu deren Liegenschaften Haus und Garten gehören. Das Wohnhaus Henry van de Veldes wurde

– damals nicht unüblich – von innen nach außen gebaut. Dafür spricht nicht nur die Disharmonie der Außenarchitektur sondern vor allem die funktionale Klarheit im Inneren. Das Erdgeschoss beherbergt auf einer Hauptachse die repräsentativen Räume wie Salon, Arbeits- und Speisezimmer. Eine funktionale Wohndiele vereinigt Treppenaufgang und Wohnraum. Von ihr aus sind alle Bereiche des Hauses erschließbar: die Küche im Souterrain, die Haupträume im Erdgeschoss sowie die Zimmer im Obergeschoss.

Im Frühjahr 2016 präsentierte die Klassik Stiftung Weimar im Haus Hohe Pappeln das im Rahmen einer anspruchsvollen denkmalpflegerischen Maßnahme wiederhergestellte Arbeitszimmer Henry van de Veldes. Als neuer Bestandteil der ständigen Ausstellung ist es seither für Besucher geöffnet. Das Arbeitszimmer war Henry van de Veldes komplett selbst entworfene „geistige Keimzelle", in der er las, Briefe schrieb und sich mit Freunden, Kollegen und Kunden austauschte. Er hatte es 1908 mit umlaufenden Einbauschränken aus Teakholz ausgestattet, in die zwei Schreibtische, Podeste, Heizkörperverkleidungen sowie ein Sofa integriert waren. Kunstwerke wie Keramiken, Plastiken und Zeichnungen schmückten den Raum. Mit dem Umzug der Familie im Jahr 1917 gelangten auch die Möbel in die Schweiz; die Einbauten entfernten spätere Bewohner des Hauses. Erhalten blieben im Arbeitszimmer nur das Parkett, die Fensterbänke und Laibungen sowie die Türblätter und -griffe. Auf der Grundlage von Befunden, historischen Fotografien und Grundrissen sowie über Vergleiche mit erhaltenen zeitgenössischen Objekten stellte die Klassik Stiftung Weimar 2015 die Einbaumöblierung wieder her. Die Deckenleuchten hatte sie bereits 2013 entsprechend einem erhaltenen Original nachbauen lassen.

Das Nietzschearchiv: Das Nietzschearchiv wurde Anfang 1894 von Elisabeth Förster-Nietzsche, der Schwester des Philosophen, in Naumburg gegründet und im September 1896 nach Weimar verlegt. Im Mai 1897 bezog sie die Villa „Silberblick" in der heutigen Humboldtstraße 36, um hier ihren kranken Bruder aufzunehmen und zu pflegen. Friedrich Nietzsche starb in diesem Haus am 25. August 1900. Auf Anregung Harry Graf

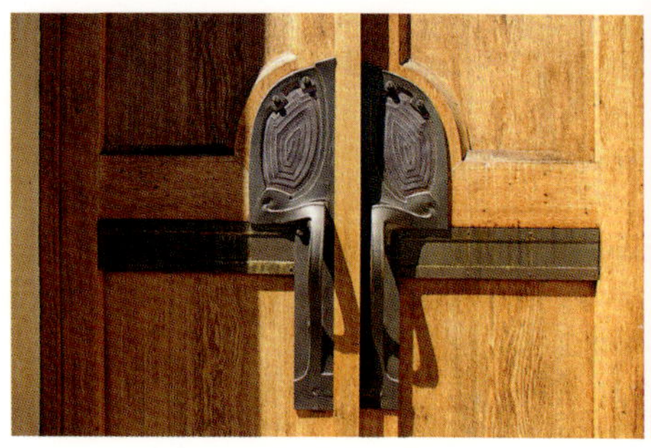

*Eingangstür zum Nietzschearchiv in Weimar*

Kesslers beauftragte Elisabeth Förster-Nietzsche nach dem Erwerb des Hauses im April 1902 den „Alleskünstler" Henry van de Velde mit der Umgestaltung und Neueinrichtung der Erdgeschossräume. Die am 15. Oktober 1903 abgeschlossene Umgestaltung gehört zu van de Veldes gelungensten Schöpfungen und wurden zu einem Besuchermagnet bis heute. Seine gestalterischen Maßnahmen betrafen den neuen Eingangsvorbau, das Vestibül, den zentralen Bibliotheks- und Versammlungsraum sowie ein kleines Arbeitszimmer und ein Speisezimmer. Das Raumensemble ist als Gesamtkunstwerk fast vollständig erhalten. Van de Velde entwarf nicht nur die hölzernen Einbauten, sondern auch die Öfen, das Mobiliar und den Flügel sowie die Stoffbezüge, die Lampen, die Bodenbeläge und die dekorativen Vasen, die den Räumen ihre harmonische Ausstrahlung verleihen. Im Mittelpunkt der Präsentation steht der Bibliotheksraum mit der von Max Klinger geschaffenen Nietzsche-Herme aus Marmor. Im ehemaligen Speisezimmer dokumentiert eine Studio-Ausstellung die widerspruchsvolle Geschichte des Hauses und dessen Rolle im Nietzsche-Kult des Nationalsozialismus. Heute finden hier auch die Veranstaltungen des Kollegs Friedrich Nietzsche statt.

*Die Gedenkstätte Buchenwald:* Beim Eintreten durch das eiserne Lagertor in das auf dem Ettersberg bei Weimar angelegte ehemalige Konzentrationslager der NS-Diktatur, fällt ein in Augenhöhe angebrachter kurzer Schriftzug auf. Lesbar ist dieser aber nur aus Sicht der damals hier Internierten: „Jedem das Seine". Im Corpus Iuris Civilis des Jahres 529 n. Chr., dem dieser verknappte Spruch entstammt, heißt es vollständig: „Die Gebote des Rechts sind diese: Ehrenhaft leben, den Anderen nicht verletzen, Jedem das Seine gewähren." Den zur Schwerstarbeit gezwungenen Inhaftierten musste „Jedem das Seine“ wie eine Verhöhnung ihres Daseins vorkommen. Entworfen und ausgeführt hat den Schriftzug der Häftling Franz Ehrlich zusammen mit dem Technischen Zeichner Ernst Karthoff. Ehrlich hatte am Bauhaus Dessau die Gesellenprüfung als Tischler bestanden und das Bauhausdiplom erworben. Wegen seiner Mitarbeit an der Zeitschrift „Junge Garde“ wurde er wegen Hochverrat verurteilt und von 1937 bis 1939 im KZ Buchenwald inhaftiert.

---

*Eingangstor im ehemaligen KZ Buchenwald*

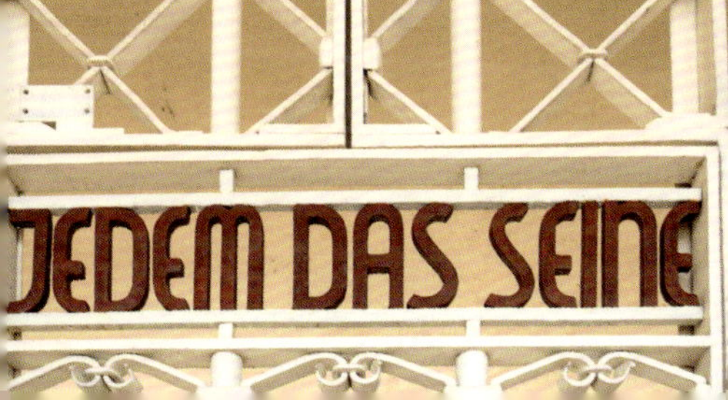

# Bauhaus authentisch:

## Weimar-Gelmeroda

_Die Feiningerkirche:_ In dem rund 400 Einwohner zählenden, zwischen Weimar und der auf einer Anhöhe vorüber führenden Bundesautobahn 4 liegenden Ort, lockt vor allem die kleine romanische Kirche Besucher an. Zum einen, weil das Bauwerk 1994 den Status einer Autobahnkirche erhalten hat, von denen es in Deutschland insgesamt 13 gibt. Weltweit aber erlangte das evangelische Gotteshaus mit dem markanten hohen Spitzhelm Interesse, seit der 1871 in New York geborene und dort 1956 gestorbene Maler und Grafiker Lyonel Feininger während seiner mit Weimar verbundenen Zeit die Kirche in zahllosen Skizzen, Zeichnungen und Gemälden verewigt hat.

Im Frühjahr 1919 wurde Feininger, der 1887 nach Deutschland gekommen war und an mehreren Kunstschulen studierte, von Walter Gropius als einer der ersten an das neu gegründete Staatliche Bauhaus berufen. Als Formmeister leitete er die Druckwerkstatt der Ausbildungsstätte. Auf zahllosen Streifzügen durch Weimars Umgebung – meist übrigens mit dem Fahrrad – entstanden immer wieder Zeichnungen und Grafiken. Neben Architekturdarstellungen großer Städte wie etwa von Halle und Erfurt finden stets aufs Neue Dorfkirchen im

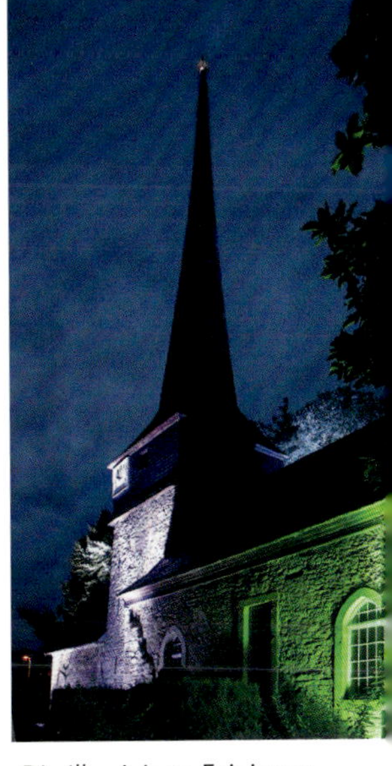

*Die illuminierte Feiningerkirche in Gelmeroda*

Weimarer Land sein besonderes Interesse. „Die Dörfer, wohl über Hundert, in der Umgebung, sind prachtvoll! Die Architektur (Sie wissen ja, wie ich von ihr ausgehe!) ist mir gerade recht, so anregend, zum Teil so ungemein monumental! Es gibt Kirchen in gottverlassenen Nestern, die mir das Mystischste sind, was ich von sogenannten Kulturmenschen kenne!", heißt es in einem 1913 von Feininger an Alfred Kubin gerichteten Brief. In

*Das Ernst-Neufert-Haus in Gelmeroda*

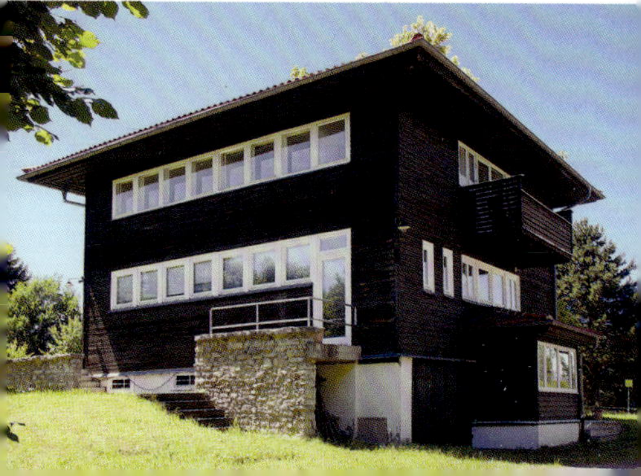

besonders vielen Variationen sind Holzschnitte und Gemälde von der Kirche Gelmeroda überliefert, weshalb sie auch gern als Feiningerkirche benannt wird. In dem Gotteshaus erinnert eine Ausstellung an das Schaffen Lyonel Feiningers. Zum Kulturstadtjahr Weimar 1999 entstand die Idee, das Äußere der Kirche im Dunkeln als Lichtskulptur erscheinen zu lassen. Mittels neu entwickelter Hochdruck-Halogen-Metalldampflampen wird das Bauwerk ebenso perfekt wie künstlerisch ins Licht gesetzt. Das flüchtige, je nach Wetterlage zart bis expressiv scheinende Gebilde fasziniert und knüpft an die künstlerischen Auffassungen Feiningers an.

*Das Neuferthaus und die Neufertbox:* Auf dem Weg zur Feiningerkirche kommt man unweigerlich an einer Bauhaus-Attraktion vorbei, die erst seit einigen Jahren ins öffentliche Bewusstsein zurückkehrt und mit einem Namen verbunden ist: Ernst Neufert (1900–1986). Der aus Freyburg/Unstrut stammende Neufert lernte sein Handwerk an der Baugewerkschule Weimar, die erstmals auch das Entwerfen von Gebäuden im Lehrprogramm hatte. Nach ihrer fachlichen Gleichstellung mit den preußischen Bauschulen (1912) und ihrer Umbenennung in Staatliche Bauschule (1921) pflegte diese Einrichtung fachliche und pädagogische Kontakte auch mit dem Bauhaus Weimar. Dessen Direktor, Walter Gropius, holte sich Neufert in sein Büro und nahm ihn mit in das Bauhaus Dessau, wo er zum Chefarchitekten aufstieg. 1926 folgte er dem Ruf der Nachfolgeeinrichtung des Bauhauses Weimar, als Stellvertretender Direktor und Leiter der Abteilung Architektur. Wieder in der Klassikerstadt, benötigte er für sich und seine bereits große Familie Wohnraum. Außerdem brauchte er Platz für ein eigenes Architekturbüro. In Gelmeroda fand Neufert das ideale Grundstück. Hier errichtete er 1929/1930 das als Versuchshaus und Prototyp einer geplanten Serie entstandene zweigeschossige Holzhaus. Moderne Architektur, hohe Funktionalität, wirtschaftliche und ökologische Ausführung und Unterhaltung waren die Grundlagen des Entwurfs, der dem Baukasteprinzip folgte. Grundmodul ist das Bettenmaß 2 Meter x 1 Meter, aus welchem ein normiertes Zehner-System entwickelt und in allen Details konsequent realisiert wurde. Hier bereits zeigt sich, was Neuferts Unsterblichkeit in der Baubranche später manifestieren wird: Die von ihm erdachte, bis ins Kleinste vervollkommnete und zum Standardwerk moderner Architektur gewordene „Bauentwurfslehre" (BEL). Das Werk erschien bisher in über 35 deutschen Auflagen und wurde in 14 Sprachen übersetzt. Wer das Anwesen heute besucht (nur auf Voranmeldung), der findet das Haus so vor, wie es der Bauherr gerade eben verlassen haben könnte. Unverändert die großzügige Raumstruktur mit ihren raffinierten Einbauschränken, den je nach Erfordernis in unterschiedlicher Höhe angebrachten Fenstern, den originalen Treppen, Türen, Griffen und dem Parkett beispielsweise. Das war nicht immer so. Mit dem Kriegsende 1945 folgte Neufert, nicht dem Ruf als Direktor an die Weimarer Bauhochschule sondern an die TH Darmstadt. Der Besitz der Familie im Osten wurde enteignet, das Haus in Gelmeroda für mehrere Familien passgerecht gemacht. Glück im Unglück war, dass dies in Zeiten geschah, da mangels Material und Zeit quasi nur flüchtig bzw. oberflächig eingegriffen wurde. So brauchte die in Darmstadt ansässige Nachfolgerin des westdeutschen Neufertbüros, das Wohn- und Atelierhaus „nur“ bis auf das Original zu entkernen, Überkommenes aufzuarbeiten und die Haustechnik dem heutigen Standard anzupassen. Im Kulturstadtjahr Weimar 1999 setzte die Darmstädter Bürogemeinschaft als Hommage an ihren Nestor Neufert zu dessen 100. Geburtstag jene unübersehbare blaue Box an den Rand der Gelmerodaer Chaussee, die für Ausstellungen, Konzerte und private Feiern genutzt wird.

*Die Neufertbox in Gelmeroda*

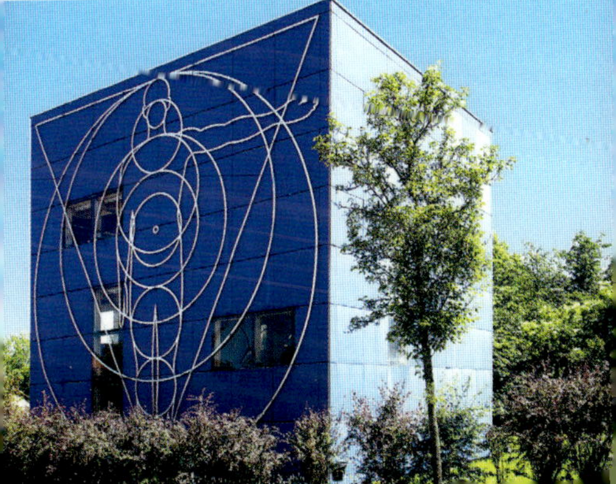

## Bauhaus authentisch:

### Jena und Dornburg

Jena und das Bauhaus – dafür standen bis in jüngere Vergangenheit vor allem das nahe dem Stadtzentrum zu findende, von Ernst Neufert geplante Studentenhaus (Mensa der Universität) und zwei an den Sonnenbergen stehende Stadtvillen, die nach Plänen von Walter Gropius errichtet wurden. Jüngere Forschungen haben jedoch weit mehr Beziehungen zwischen dem Bauhaus in Weimar

*Studentenhaus Universität Jena*

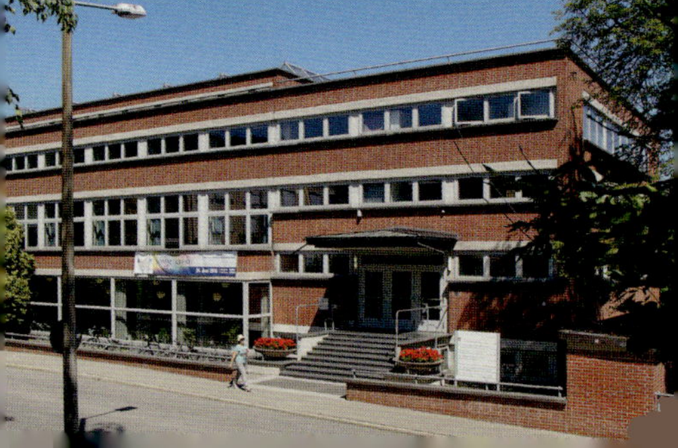

und der Industrie- und Universitätsstadt an der Saale hervorgebracht als nur die vordergründig sichtbaren Bauobjekte. Hier in Jena stellten die Bauhausmeister in rund 20 Personal- und Gemeinschaftsausstellungen aus. Möglich war dies dank der engen Beziehungen des Jenaer Kunstvereins zu den Bauhausmeistern Paul Klee, Lyonel Feininger, Wassily Kandinsky, Laszlo Moholy-Nagy, Walter Gropius, Adolf Meyer und darüber hinaus Joseph Albers, Oskar Schlemmer u. a.

Die Ansiedlung der Carl Zeiß AG und der Otto Schott AG, zwei der zum damaligen Zeitpunkt in Mitteldeutschland innovativsten Firmen, brachten für das Bauhaus die Möglichkeiten, auf dem Gebiet des Industriedesigns und industrieller Bauverfahren neue Wege zu beschreiten. Seit dem Kurswechsel von 1923, den Gropius mit dem Motto „Kunst und Technik – eine neue Einheit" einleitete, wird die

Typenproduktion und industrielle Serienproduktion zum Vorbild der Bauhaus-Werkstätten. Gerhard Marcks skizziert eben zu dieser Zeit Entwürfe für eines der ersten modernen Industrieprodukte: die SINTRAX-Kaffeemaschine, die seit 1928 in den Schott-Werken in Jena produziert wurde. Das sogenannte „Jenaer Glas" wurde mit den Bauhausentwürfen ebenfalls aus den Werkstätten Gerhard Marcks und des Bauhaus-Schülers Wilhelm Wagenfelds weltberühmt. Mit dem Umbau des Jenaer Stadttheaters wurde zudem die erste Bauaufgabe für das Bauhaus in Thüringen realisiert; 1923 wurde Jena bewusst als Spielort für die Erstaufführung der Bauhaus-Bühne ausgewählt.

<u>Das Haus Auerbach:</u> „Gropius W33 gegen Gebot zu verkaufen" lautete der Text einer Zeitungsanzeige im Herbst 1994. Ein Wissenschaftler-Ehepaar, das wegen des Ar-

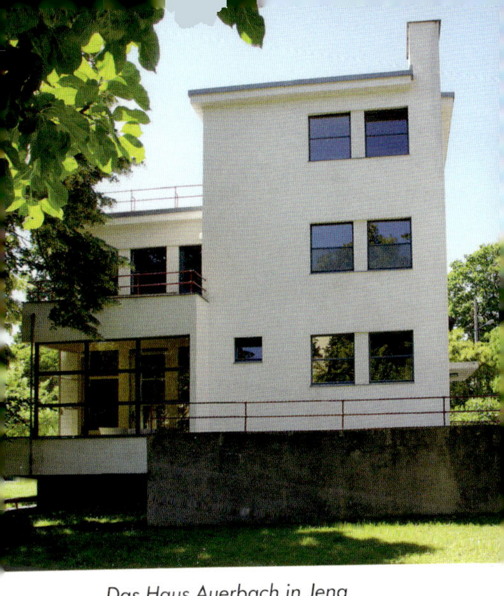

*Das Haus Auerbach in Jena*

beitsplatzwechsels von Tübingen nach Jena auf Wohnungssuche in der Saalestadt war, hatte Glück und bekam den Zuschlag. Aber auch für das von Walter Gropius 1924 entworfene und von Alfred Arndt im Inneren farblich gestaltete Haus, erwiesen sich die neuen Eigentümer als Glücksfall.

Bei dem an einem Hang des Jenaer Westviertels stehenden Bauwerk handelt es sich um eines von insgesamt sechs privaten Wohnhäusern, die der Direktor des Bauhauses, Walter Gropius in Deutschland gebaut hat. Den Auftrag für das Gebäude in Jena bekam er 1924 von dem jüdischen Intellektuellen-Ehepaar Felix und Anna Auerbach. Was schließlich sichtbar wurde im idyllischen Umfeld des Westviertels, war ein exemplarisches Beispiel Modernen Bauens. „Wir wollen den klaren organischen Bauleib schaffen, nackt und strahlend aus innerem Gesetz heraus, ohne Lügen und Verspieltheiten", beschrieb Walter Gropius sein Konzept. Was das auftraggebende Ehepaar als „sehr schön" empfand, wurde jedoch von den meisten Zeitgenossen in der Saalestadt als Provokation empfunden. Erstmals setzte Gropius hier in einem Privathaus die Idee vom Baukastensystem um. Solcherart zusammensetzbare Typenhäuser hatten er und seine Mitstreiter zuvor im Rahmen der Bauhausausstellung in Weimar gezeigt. Den Grundgedanken brachte Gropius in der Formel „Vereinigung größtmöglicher Typisierung mit größtmöglicher Variabilität" auf den Punkt. Das Baukastensystem mit Leichtbeton-Jurko-Steinen gilt als Beginn des Neuen Bauens.

Die äußere Form des Bauwerkes: Zwei sich durchdringende, unterschiedlich hohe schlichte Quader mit Flachdächern. Gegliedert werden sie durch hochrechteckige Holz- und Stahlfenster, die in Zweier- und Dreiergruppen angeordnet sind. Variantenreich lassen sich Schwingflügel-, vertikale Schiebe- und Wendeflügelfenster mit Drittelteilung finden, jedoch keine klassischen rechts- oder

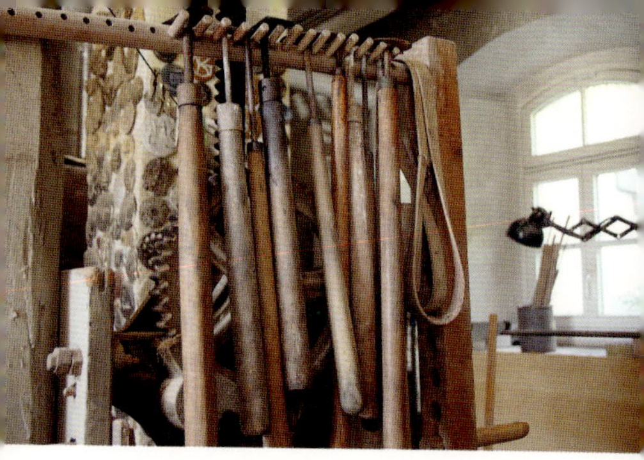

*In der historischen Bauhaustöpferei in Dornburg*

linksseitig anschlagenden Drehflügelfenster. Großflächig verglast ist auch der Wintergarten. Völlig im Gegensatz zur fast weißen Außenfassade zeigt sich das Innere überraschend farbig: Sämtliche Decken und Wände sind in teilweise ungewöhnlich anmutenden Farbkombinationen gestrichen; insgesamt 37 verschiedene Farbtöne kamen zum Einsatz. Markiert schon dies den Unterschied zum bis dahin Üblichen, fällt zudem auf, dass Farbwechsel nicht immer an Raumkanten auftreten, sondern auch innerhalb der Flächen – dem Auge ein Fest. Diesem ungewöhnlichen Erscheinungsbild liegt ein Farbkonzept des Bauhausmeisters Alfred Arndt (1896–1976) zugrunde, dessen in Tusche und Tempera gezeichneter Originalentwurf im Bauhausarchiv Berlin aufbewahrt wird.

Unweit der Stadtvilla Auerbach, noch höher am Hang als diese gelegen, hat Gropius zusammen mit Adolf Meyer zwischen den Jahren 1927 und 1929 eine weitere Villa errichtet, das Dreigenerationenhaus Zuckerkandl.

_Die Bauhaus-Töpferei Dornburg:_ Nur wenige Kilometer von Jena entfernt erheben sich hoch über dem Saaletal die sogenannten Dornburger Schlösser – drei an der Zahl. Der Hauptmeister der thüringischen Barockbaukunst, Gottfried Heinrich Krohne (1703–1756), hatte das mittlere Schloss errichtet, über dem Marstall und Kavaliersgebäude stehen. Da sich in Weimar kein geeigneter Ort für die von Gerhard Marcks geleitete Töpfer-Meisterwerkstatt hatte finden lassen, zog diese im Herbst 1920 nach Dornburg um und begann in dem Gebäudeensemble ab 1921 mit der Arbeit. Die Geschichte der Bauhaustöpferei währte nur knapp fünf Jahre. Marcks erinnert sich später daran mit diesen Worten: „Das Jahr 1923 bedeutete die Wende: Das Plakat am Bahnhof (in Weimar) ‚Kunst und Technik – eine neue Einheit', gab die Parole. Genau das, was wir nicht wollten, sagte Feininger zu mir... 1925 gab die Gelegenheit zur Neugründung des Bauhauses in Dessau für Itten, Schlemmer und mich den Abgang." In den wenigen Jahren der Dornburger Bauhaustöpferei wurde hier unter einfachsten Bedingungen eine neue Gefäßästhetik von europäischem Rang entwickelt. Viele der bedeutendsten deutschen

Keramiker des 20. Jahrhunderts haben hier ihre Ausbildung absolviert.

Die Werkstatt erstreckte sich einst auf das gesamte Erdgeschoss des Gebäudes. Heute produziert Töpfermeister Ulrich Körting im rechten Gebäudeflügel, der ehemaligen Schlossküche. Künftig soll es möglich sein, von den museal genutzten Räumen der historischen Bauhaustöpferei aus dem derzeitigen Betreiber der Werkstatt bei der Arbeit zuzusehen.

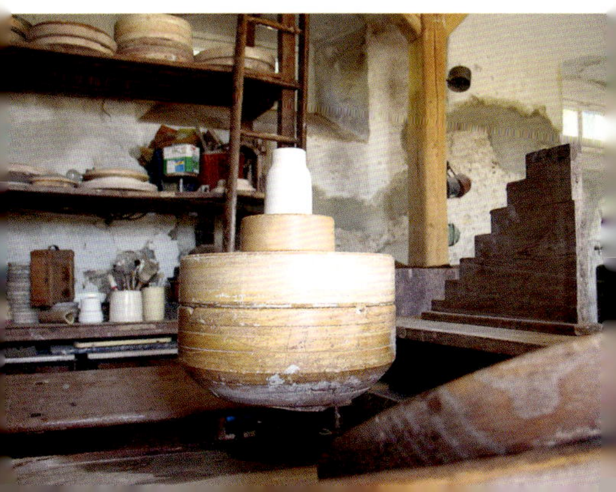

# Bauhaus authentisch:

## Probstzella

<u>Das Haus des Volkes:</u> Vor drei Jahrzehnten hätte man sich nicht einfach ins Auto setzen und nach Probstzella fahren können – der 1.400 Einwohner zählende Ort lag während der Teilung Deutschlands im abgeriegelten Sperrgebiet. Von dem auf einem Felsen erbauten „Haus des Volkes" lässt sich der einstige Grenzbahnhof an der Strecke Berlin–München gut einsehen. Mit dem Fall der Mauer war die Zukunft des „Haus des Volkes" lange Zeit ungewiss – Rückübertragungsansprüche und Treuhand mögen als Stichworte genügen. Die entscheidende Wende vollzog sich 2003, als ein gebürtiger Probstzellaer mit weiteren Mitstreitern den zur Versteigerung ausgeschriebenen Bau erwarb. Viele Jahre Leerstand hatten zwar Spuren hinterlassen, alles in allem aber war die Bausubstanz nicht so schadhaft, dass

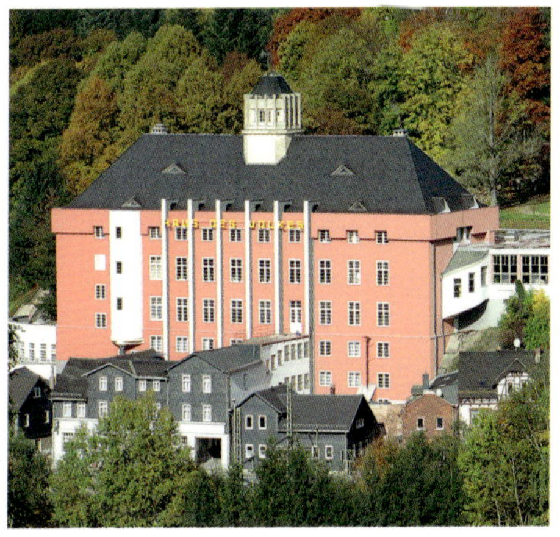

*Das Haus des Volkes in Probstzella*

man das Wort „Abriss" auch nur hätte denken müssen. Und doch wurde es gedacht, da man in der Gemeinde keine wirtschaftliche Nutzung des mit einem Saal für 1.000 (!) Gäste gebauten Hauses sah – Geschichte dies, Gott sei Dank. Das große „Haus des

Volkes" ist in dem kleinen Ort und auch darüber hinaus wieder eine gute Adresse. Dies auch im wahrlich gastlichen Sinne. Seit einem Jahrzehnt schon hat sich im Haus das "Bauhaushotel" etabliert. Ob Zimmer, Flure, Restaurant und anderes in dem Hotel: Den Gast begleitet authentisches Bauhaus.
Dass Probstzella überhaupt dieses „Kulturhaus" bekam, ist dem aus Saalfeld stammenden Unternehmer Franz Itting (1875–1967) zu danken. Der im Elektroenergiebereich außerordentlich verdienstvolle Mann erfüllte sich in Probstzella seinen Traum von einem sozialdemokratischen Musterunternehmen, in welchem den Arbeitern „sinnvolles Tun, gerechter Lohn und ein erfreulicher Feierabend" ermöglicht werden soll. Dazu gehörte auch der Baus eines „Haus des Volkes". Am 1. Mai 1927 wurde es eingeweiht. Außer dem Hotel- und Gaststättenbetrieb bot es den Besuchern einen Tanzsaal, Kino, Ke-

gelbahn, eine Turnhalle und Heilbäder. Den Entwurf – ein schlossähnlicher Bau – lieferte ein Architekt aus Saalfeld. Während dieser schon realisiert wurde, zeigte Itting die Pläne zwei seiner Kinder, die am Bauhaus Dessau studierten. Auch der damalige Lehrling und spätere Lehrer am Bauhaus Alfred Arndt (1898–1976) warf einen Blick drauf. „Das müsste man ja alles abkloppen!", soll er mit Blick auf das Zuckerbäckerische an dem Entwurf gerufen haben. Der Bauherr, bestrebt ein modernes „Haus des Volkes" auch in moderner Hülle zu sehen, fand den Saalfelder Architekten ab und setzte Arndt ein. Was durch den bereits vorhandenen Rohbau außen nur bedingt möglich war, ließ die Ausgestaltung im Inneren rundum zu: Textilien, Lampen, Beschläge, Möbel usw. wurden als Prototypen von Bauhäuslern gefertigt und in den Werkstätten des Unternehmers Itting vervielfältigt. Die Farbgebung des Ganzen

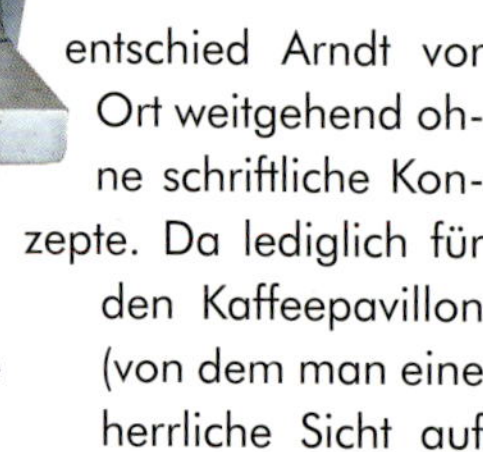

*Die Gropius-Klinke*

entschied Arndt vor Ort weitgehend ohne schriftliche Konzepte. Da lediglich für den Kaffeepavillon (von dem man eine herrliche Sicht auf Probstzella und dessen wald- und wiesenreiche Umgebung hat) Farbentwürfe Arndts vorlagen, nutzte man bei der jüngsten Sanierung als „Vorlage" auch analoge Arbeiten von Arndt. Das mit seiner roten Fassade weithin sichtbare „Haus des Volkes" mit Pavillon, Terrasse, Park, Musikmuschel, Kiosk und Garagen spiegelt als Ensemble und im Detail den Geist des Bauhauses in der Architektur, der Farbgestaltung und der Innenarchitektur wider.

Eine markante Bauhausklinke am Eingang in das Hauptgebäude nennen die Mitarbeiter des Hauses schon immer „die Gropius-

Klinke". Dass Ati Gropius Johansen, die vor wenigen Jahren in den USA verstorbene Tochter des Bauhausdirektors Walter Gropius im Alter von 83 Jahren diese Klinke einmal in die Hand nehmen und das Bauhausensemble besichtigen würde, war nicht vorhersehbar. Eine Schule in Erfurt, die nach ihrem Vater Walter Gropius benannt ist und an der die ausgesprochen lebhafte alte Dame zuweilen auch unterrichtete, machte diese Begegnung möglich.

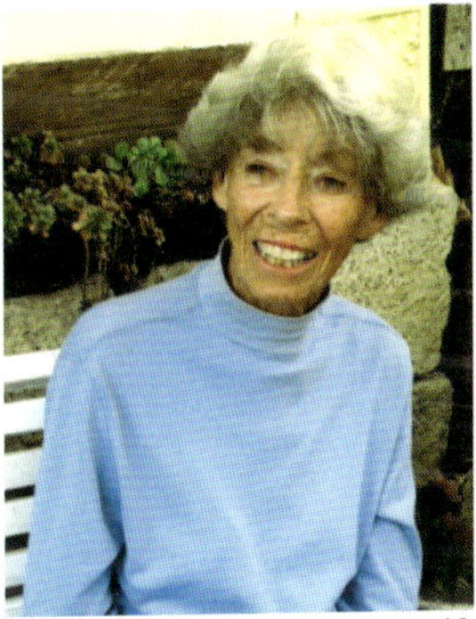

*Ati Gropius Johansen, die Tochter des Bauhausdirektors Walter Gropius, 2011 in Thüringen*

# Bauhaus authentisch:

## Dessau

„Die Stadt Dessau bot eine neue Heimat. Wenn man sagen kann, dass Weimar sozusagen die Kindheit, die Sturm-und-Drang-Periode war, so fing der Ernst des Lebens für das Bauhaus in Dessau an. Der neue Bau aus Stahl und Glas – damals ein großes Ereignis –, ein vielgliedriges Unterrichtsgebäude, die Meisterhäuser… Man zog ein und betrat damit eine ganz andere Welt. Denn

*Der Bauhauscampus in Dessau*

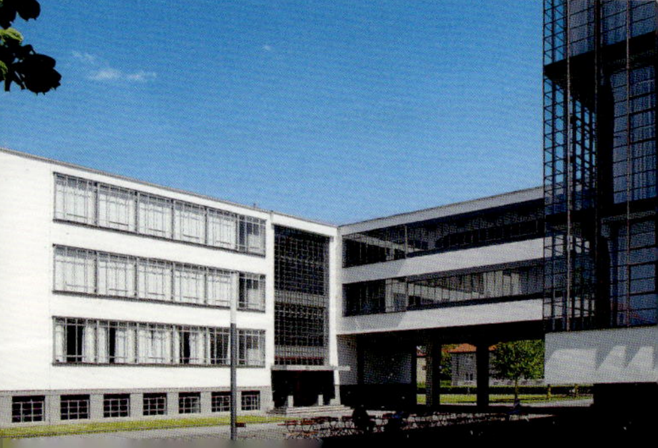

schließlich kam man ja aus einem von van der Velde im Jugendstil errichteten Haus und war etwas romantisch angehaucht – deshalb stimmte auch vieles nicht mehr, als wir uns in Glas und Stahl bewegten. Das große Umformen begann." So erinnerte sich Tut Schlemmer, die Ehefrau des Bauhäuslers Oskar Schlemmer in einem Essay an den Neubeginn in Dessau. Bauhäusler Alfred Arndt (1898–1976) hielt die nur wenige Sätze umfassende Ansprache zur Einweihung des Bauhauses. Einige seien (in Arndts originaler Schreibweise) zitiert: „aus sympathie für die idee des bauhauses ist hier eine große menge menschen, die den einzug in unsere neue arbeitsstätte festlich begehen wollen, zusammen gekommen. Außer denen, die uns mit stumpf und stiel ausrotten wollen, gibt es gott sei dank noch VIELE, bei denen das gegenteil der fall ist. Darüber freuen wir uns! Wir stehen am anfang – trotz aller schon geleisteten arbeit! Das haus steht … es sei der grundstock für die bewußte arbeit am BAU einer neuen welt." Knappe sieben Jahre blieben den Lehrenden und Studenten in Dessau Zeit, die Radikalität ihrer Ideen zum Entwerfen von Architektur, Möbeln, Alltagsgegenständen sowie ihr Verständnis zu Tanz, Musik und Kunst zu einer Einheit zusammenzuführen. 1932 wurde die Einrichtung aus politischen Gründen geschlossen.

Das Bauhausgebäude: Als eine Ikone der Moderne gilt der von Walter Gropius entworfene, 1925–1926 gebaute Komplex. Einst auf der grünen Wiese entstanden, fügt es sich heute wie selbstverständlich in ein gewachsenes städtebauliches Umfeld ein. Bei seinem Entwurf entwickelte Gropius architektonische Ideen weiter, die er vor dem Ersten Weltkrieg beim Bau der Fagus-Werke in Alfeld an der Leine erstmals verwirklicht hatte. Wie in Alfeld bestimmt auch in Dessau die vor das tragende Skelett gehängte Glasfassade das Äußere des Werkstattflügels und zeigt offen die konstruktiven Elemente. Architekt Gropius riet allen, „um den Bau herum zu gehen, um seine Körperlichkeit und die Funktion seiner Glieder zu erfassen." Eine zentrale Ansicht gibt es nicht. Der Gebäudekomplex mit dem markanten Bauhaus-Schriftzug an einer der Fassaden umfasst ein vielfältiges Raumprogramm: Schulräume, Werkstätten, eine Bühne, eine Mensa und ein Atelierhaus

---

*Bauhaus Dessau*

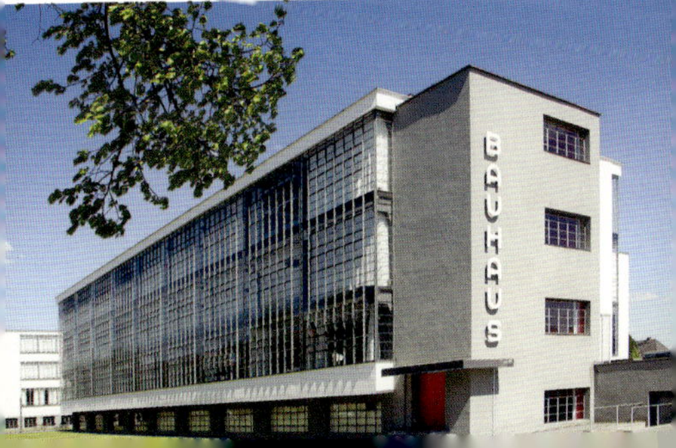

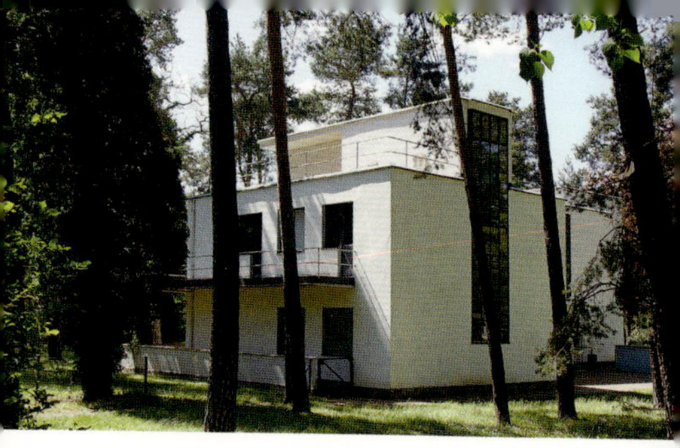

*Eines der Dessauer Meisterhäuser*

(in dem man auch übernachten kann). Junge Architekten, Designer und Künstler arbeiten in den Bauhaus-Werkstätten mit den Ideen der klassischen Avantgarde im Rücken an Konzepten für die Gegenwart und Zukunft.
Das Bauhausgebäude ist Sitz der Stiftung Bauhaus Dessau, Ort der Präsentation von Beständen der Bauhaussammlung sowie Stätte für Sonderausstellungen. In der Garderobe des Hauses zeigen großformatige Fotos das im letzten Kriegsjahr 1945 teil-

weise zerstörte Bauhaus jeweils von außen in den Jahren 1925/26, 1935, 1965 und 2003. Nach dem Krieg notdürftig repariert, fand es in den folgenden Jahrzehnten immer wieder Verwendung als Schulgebäude. 1976 wurde das Haus denkmalgerecht rekonstruiert, 2013/14 das Besucher- und Ausstellungszentrum geschaffen.

*Die Meisterhäuser:* Nur wenige Gehminuten vom Bauhaus entfernt entstand mit der Eröffnung des Bauhauses Dessau das Ensemble „Meisterhäuser". In einem kleinen Kiefernwäldchen gelegen, erwarten den Besucher heute das Direktorenhaus Gropius, das Haus Kandinsky/Klee, das Haus Muche/Schlemmer, und das Haus Moholy-Nagy/Feininger. Bei den Häusern Gropius und Moholy-Nagy/Feininger handelt es sich jedoch um erst vor wenigen Jahren geschaffene Neubauten. Sie entstanden auf den Fundamenten der im Zweiten Weltkriegen zerstörten Vorgängerbauten. Eine historische Rekonstruktion zu schaffen, war dabei nicht gewollt. Vielmehr ging es dem Entwurfsteam um eine Architektur, „die von den Unschärfen der Erinnerung ausgeht und eine Eigenständigkeit schafft, die eine klare Wahrnehmung des Unterschieds zwischen Original und Neubau ermöglicht."

Beauftragt von der Stadt, schuf Gropius 1925/26 drei Doppelhäuser für die Bauhausmeister und ihre Familien und ein Einzelhaus für den Direktor. Die Häuser gewannen ihre Gestalt durch ineinander verschachtelte, unterschiedlich hohe kubische Körper. Vertikale Glasbänder an den Seitenfassaden sorgen für Tageslicht auf den Treppenaufgängen, während die Straßenansichten der Doppelhäuser von den großzügig verglasten Ateliers geprägt sind. Auf den der Straße abgewandten Seite befinden sich großzügige Terrassen und Balkone. Die Doppelhäuser sind grundsätzlich baugleich und die jewei-

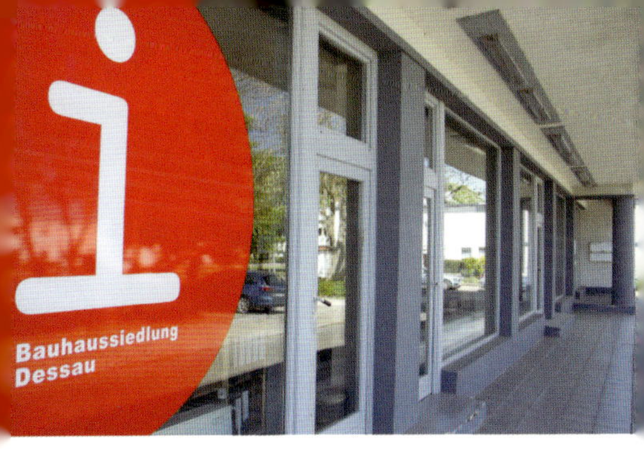


*Konsumgebäude*

ligen Haushälften haben denselben Grundriss. Das Ensemble „Meisterhäuser" wirkt in seinen klaren und reduzierten Formen bis in die Gegenwart avantgardistisch
Die Reihenhaussiedlung Dessau-Törten (mit einem Besucherzentrum im Konsumgebäude), das historische Arbeitsamt (August-Bebel-Platz) und die an der Elbe liegende Ausflugsgaststätte Kornhaus sind weitere empfehlenswerte Bauhaus-Anlaufpunkte in Dessau.

## Bauhaus authentisch:

### Berlin

Eine Tour auf Spuren des Bauhauses in der Bundeshauptstadt außerhalb des Bauhaus-Archivs (siehe Seiten 80–84) führt u. a. zu dem 1929/30 im Stadtbezirk Charlottenburg errichteten Kant-Garagenpalast. Die älteste erhaltene Hochgarage Europas ist jedoch in ihrem Bestand gefährdet. In Moabit findet sich mit der vom ausgebildeten Maler und Architektur-Autodidakten Peter Behrens entworfenen und 1908/09 errichteten Halle der AEG-Turbinenfabrik ein Schlüsselwerk moderner deutscher Industriearchitektur. Empfehlenswert sind auch die hellen Laubenganghäuser mit den begehbaren Dachterrassen und Vorgärten in Steglitz. Das Bauhaus befand sich nur ein knappes Jahr lang in Berlin und wurde 1933 von den Nazis zur Selbstauflösung gezwungen (Gedenktafel am ersten Standort des Bauhauses in Berlin-Lankwitz,

Birkbuschstraße 49). Zur Schließung sagte die Ehefrau des Bauhäuslers Wassily Kandinsky in einem Interview: „Sie [die Nazis] haben dann zu Mies van der Rohe gesagt, die Schule kann weitergehen mit zwei Bedingungen: Kandinsky darf nicht bleiben, er ist zu gefährlich als Geist, und dann der Architekt Ludwig Hilberseimer darf auch nicht bleiben, weil er in der SPD war. Aber Mies van der Rohe hat diese beiden Bedingungen natürlich nicht angenommen, und die Schule wurde definitiv geschlossen."

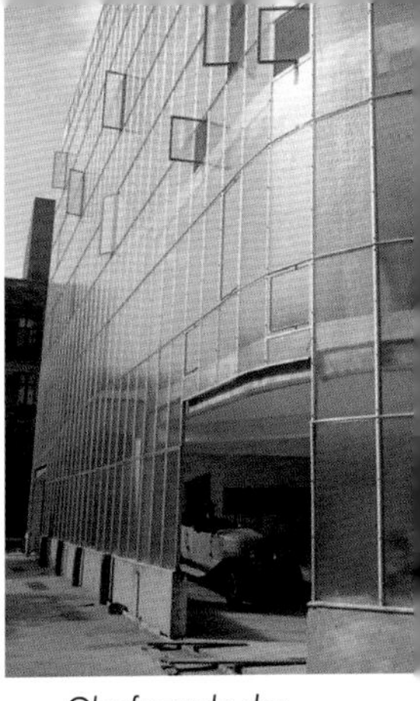

*Glasfassade der Kant-Garage, 1932*

## Bauhaus authentisch auch in:

### Apolda

Im Norden der Stadt, nahe dem Grundstück, auf dem 1923 die große Glocke für den Kölner Dom gegossen wurde, erhebt sich ein mehrgeschossiger Fabrikbau aus Klinkersteinen, Stahl und Glas sowie einem den Bau krönenden Terrassendach. Um wahrzunehmen, dass hier ein Bauwerk der Jahre 1906/07 drei Jahrzehnte später von dem bedeutenden Architekten Egon Eiermann (1904–1970) um einen Neubau erweitert wurde und beide Teile sich nunmehr als harmonisches Ganzes prä-

*Der Eiermannbau in Apolda*

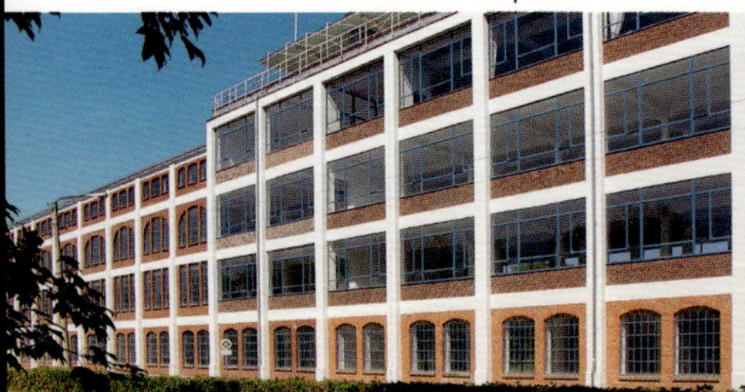

sentieren, muss man genau hinschauen. In seiner, der Moderne verpflichteten Verschmelzung, gilt das Fabrikgebäude als Meilenstein deutscher Architekturgeschichte.

## Arnstadt

Nahezu unbekannt ist der in Formen der neuen Sachlichkeit vom Architekten Martin Schwarz im Jahr 1929 errichtete Milchhof in der Quenselstraße. Der Bau folgt dem entscheidenden Grundsatz der Moderne, nach dem die Funktionalität die Form bestimmt. Zunehmender Verfall und fehlendes Bewusstsein vor Ort ließen befürchten, dass das Schicksal dieses nahezu unbekannten, aber hervorstechenden Baus der 1920er-Jahre in wenigen Jahren besiegelt sein würde. Dank einer privaten örtlichen Initiative ist der Milchhof nun jedoch in der Öffentlichkeit wieder präsent. Die dringlich erforderliche Notsicherung des Daches ist bereits erfolgt.

## Bernau

Die vom damaligen Direktor des Bauhauses Dessau Hannes Meyer und seinem Kollegen Hans Wittwer konzipierte und im Mai 1930 fertig gestellte Bundesschule der Gewerkschaften ist nach dem Bauhausgebäude in Dessau das zweite Schulgebäude aus dem Wirkungsfeld des Bauhauses. Der Komplex – bis heute ein Beispiel für eine gegliederte bauliche Anlage, die frei und einfühlsam in den naturbelassenen Landschaftsraum komponiert wurde – soll nach dem Willen einer

*Die Bundessschule Bernau*

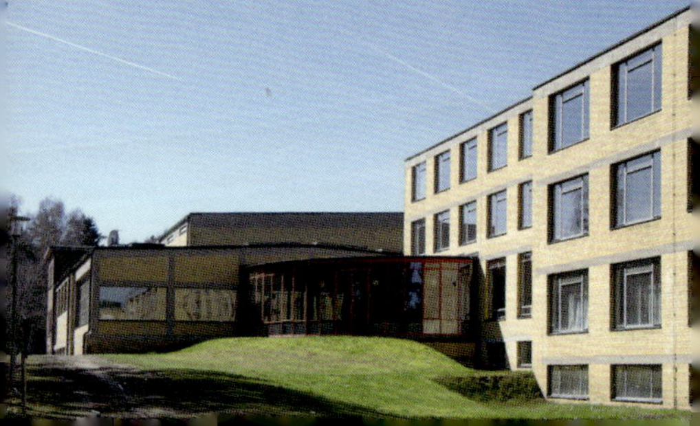

Initiative vor Ort in die UNESCO-Welterbeliste aufgenommen werden.

## Erfurt

Das Kunstmuseum am Anger besaß eine bemerkenswerte Sammlung zur Moderne, von der einiges der Nazi-Aktion „Entartete Kunst" zum Opfer fiel. In einem Zimmer des Hauses hat Lyonel Feininger auf Einladung des damaligen Museumsdirektors im Herbst 1923 gearbeitet. Einige von Feiningers Hauptwerken liegen Motive dieses Erfurt-Aufenthaltes zu Grunde. Im Ortsteil Bischleben steht auf einer Anhöhe das Haus der Bauhäuslerin Margaretha Reichardt (1907–1984). In der Werkstatt im Souterrain des Hauses stehen noch die von ihr genutzten Bauhaus-Webstühle. In der Nähe des Landtages steht an einer vielbefahrenen Straße ein 1930 entstandener Klinkerbau – Erfurts älteste, weitgehend original erhaltene Tankstelle.

Ein markantes Werk des Bauhaus-Wegbereiters Henry van de Velde ist die von ihm für den Textilfabrikanten, Kunstsammler und Orchideenzüchter Paul Schulenburg errichtete Villa in der Straße des Friedens (heute teilweise museal genutzt). Die Bauleitung hatte van de Velde seinem bedeutendsten Schüler und späteren Assistenten, dem Architekten und Gestalter Thilo Schoder (1888–1979), übertragen. Mehr als 50 weitere Bauten, Projekte und Innenausstattungen in der Ostthüringer Stadt tragen Schoders eigene Handschrift

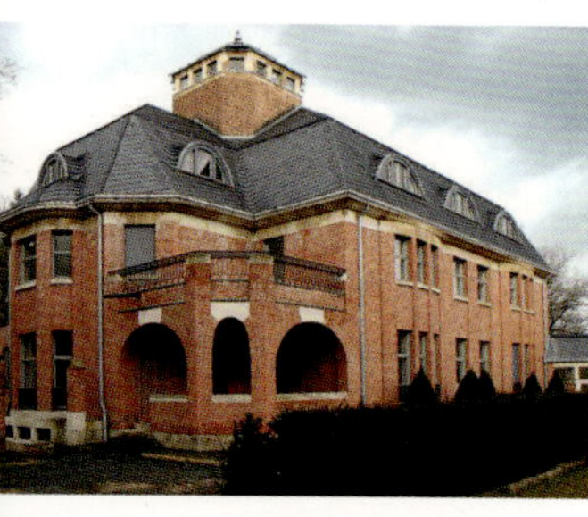

*Haus Schulenburg*

## Halle

Die Stadt an der Saale verdankt dem Maler Lyonel Feininger einen einzigartigen Zyklus von Gemälden. Beauftragt, ein repräsentatives Stadtporträt zu schaffen, stellte man ihm im Torturm des Ostflügels der Moritzburg (heute Kunstmusseum) eigens ein Atelier zur Verfügung. Schlussendlich erwarb die Stadt 28 Zeichnungen und elf Gemälde mit Halle-Motiven. Zehn der Gemälde sind erhalten, die meisten davon in verschiedenen deutschen Museen zu sehen, in Halle selbst drei. An der auf Burg Giebichenstein angesiedelten Kunstgewerbeschule (heute Kunsthochschule Halle) lehr-

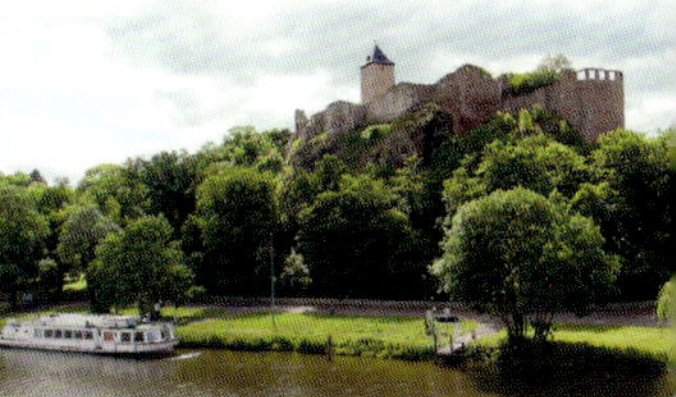

*Burg Giebichenstein*

te unter anderem der Bauhäusler Gerhard Marcks (1889–1981). Von ihm stammen zwei Monumentalplastiken auf der nahen Giebichensteinbrücke – ein Pferd und eine Kuh als Symbol für die Verbindung des städtischen mit dem ländlichen Raum.

## Leipzig

Für die Geschichte des Bauhauses spielt das zwischen 1925 und 1929 im Stil von Funk-

---

*Pfeilerhalle im Grassimuseum Leipzig*

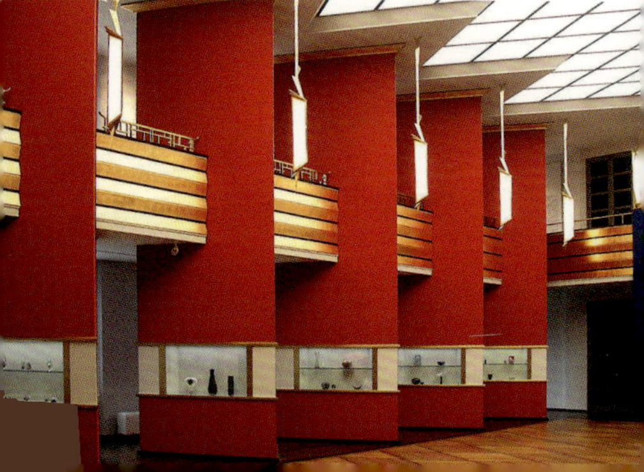

tionalität und Sachlichkeil errichtete Grassimuseum eine wichtige Rolle. Auf den hier stattfindenden Grassimessen stellte sich auch das Bauhaus mit seinen Produkten dem Vergleich mit der internationalen Avantgarde. 1929 war das Haus Ort für die Ausstellung „Die Bauhaus-Volkswohnung".

## Quedlinburg

Seit 1986 gibt es in der Stadt die Lyonel-Feininger-Galerie. In Quedlinburg lebte der Bauhausschüler Hermann Klumpp, der eng mit der Familie Feininger befreundet war. Nach der Machtübernahme der Nazis rettete Klumpp bedeutende Werke Feiningers vor der Aktion „Entartete Kunst", indem er sie nach Quedlinburg überführte. Die aus der Sammlung von Dr. Hermann Klumpp gewachsene Feininger-Galerie verfügt auf diese Weise über den weltweit größten Einzelbestand an Werken Feiningers.

# Bauhausmuseen und -archive

## Bauhaus-Archiv/Museum für Gestaltung, Berlin

Das Bauhaus-Archiv wurde 1960 als gemeinnütziger Verein gegründet und widmet sich der Geschichte und der Nachwirkung der bedeutendsten Kunstschule des 20. Jahrhunderts. Bauhausgründer Walter Gropius entwarf für das Bauhaus-Archiv ein eigenes Gebäude. 1979 in Berlin eröffnet, gilt seine markante Silhouette heute als eines der Wahrzeichen der Hauptstadt. Anlässlich des Jubiläums 100 Jahre Bauhaus im Jahr 2019 erhält Berlin durch die Erweiterung des Bauhaus-Archivs ein seiner Sammlung angemessenes neues Museum.

Als Museum und Forschungsinstitut zugleich zählt zu seinen zentralen Aufgaben das Sammeln, Präsentieren und Erforschen des Bauhauses. In den vergangenen 50 Jahren gelang es, die weltweit größte und reichs-

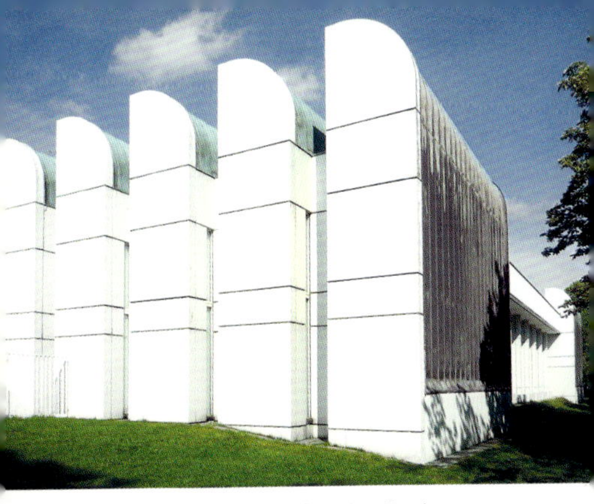

*Bauhaus-Archiv (Gropius-Bau)*

te Kollektion zum Thema Bauhaus zusammenzutrugen. Sie umfasst Werke aus den Bereichen Malerei, Bildhauerei, Architektur, Möbel, Keramik, Metall, Fotografie, Bühne und Arbeiten aus dem Vorkurs. In der Dauerausstellung „Die Sammlung Bauhaus – Originale der Klassischen Moderne" wird das gesamte künstlerische Spektrum der Schule sowie die Werke der berühmten Meister gezeigt. Das Bauhaus-Archiv sammelt auch alle auf die Tätigkeit und das kulturelle Ideengut des Bauhauses bezogenen Dokumente, z. B. Briefe, Manuskripte und andere schriftliche Dokumente, aber auch Druckschriften. Heute stehen

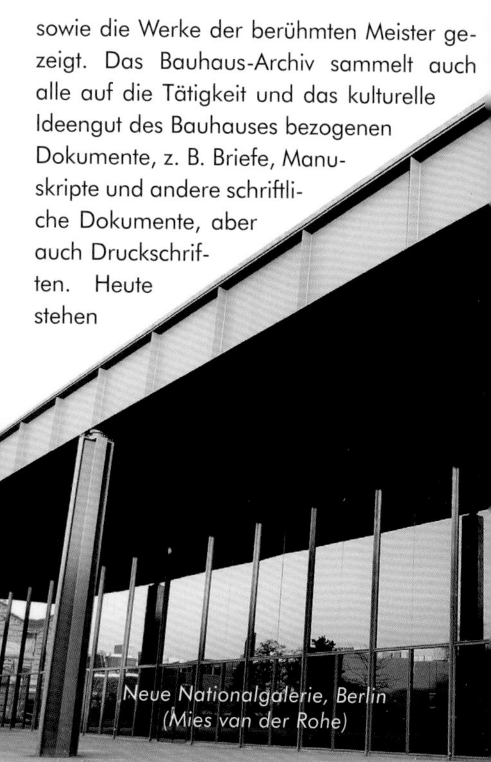

Neue Nationalgalerie, Berlin
(Mies van der Rohe)

Einzelbestände von über 500 Lehrern und Studierenden des Bauhauses wie auch zu weiteren Personen und Institutionen, die im Zusammenhang mit Ideen und Geschichte des Bauhauses stehen, zur Einsicht zur Verfügung.

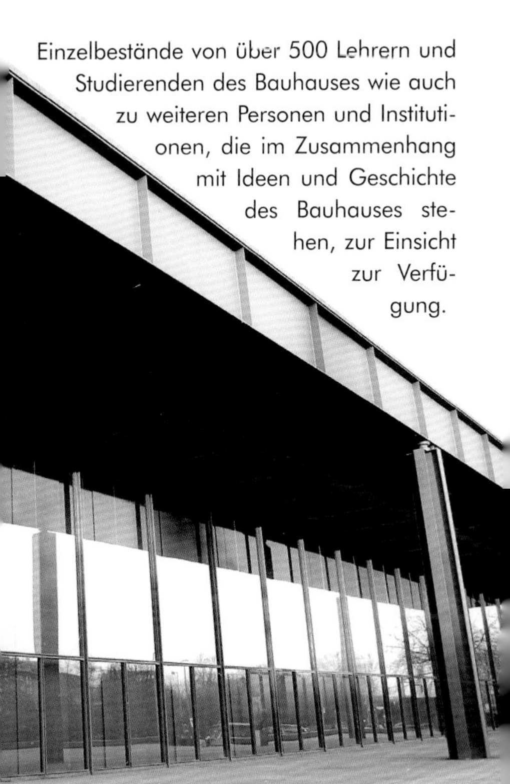

## Stiftung Bauhaus Dessau

Mit rund 40.000 Objekten besitzt die im Bauhaus in der Gropius-Allee ansässige Stiftung die weltweit zweitgrößte Bauhaus-Sammlung. Sie umfasst die Nachlässe von 168 Bauhauslehrern und -schülern. Ein Teil davon ist in der Dauerausstellung „Werkstatt der Moderne" zu besichtigen, die vor allem in die Dessauer Zeit des Bauhauses von 1925 bis

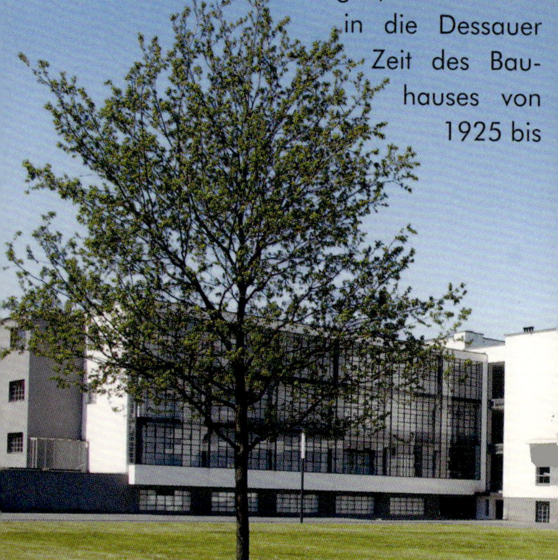

1932 einführt. Sie reflektiert damit eine Phase, in der sowohl der Schulbetrieb als auch Werkstätten und Architekturabteilung ihre größte Ausstrahlungskraft entfalten konnten. Seit der Eröffnung des neuen Bauhaus-Museums Dessau im Jahr 2019 ist die Bauhaus-Sammlung erstmals umfassend zu sehen.

In der Stadt Dessau – einem Ort spannender Ausstellungen und einzigartiger Veranstaltungen inmitten historischer Bauten – lernen Touristen und Fachleute das Bauhaus in seiner ganzen Vielschichtigkeit kennen.

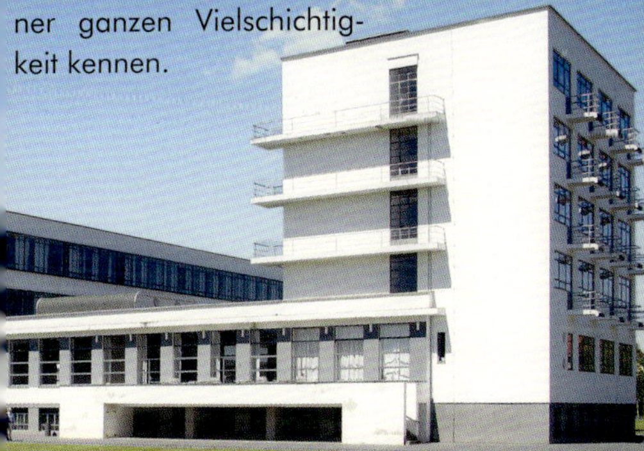

Die Akademie als Säule der Lehre bietet unter anderem mit dem Internationalen Bauhaus Kolleg ein interdisziplinäres Lehrangebot in englischer Sprache an, das sich vor allem an Architekten, Stadtgestalter und Urbanisten richtet.

Die neue Werkstatt widmet sich architektonischen und stadtplanerischen Problemen der Gegenwart.

---

*Ehemaliges Amt für Arbeit, Dessau*

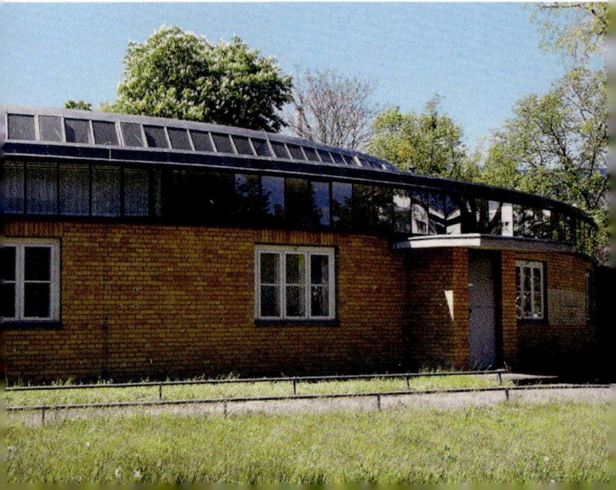

## Bauhausmuseum Weimar

Das Bauhaus-Museum, eine Einrichtung der Klassik Stiftung Weimar, war über viele Jahre in der Kunsthalle am Theaterplatz untergebracht, deren Eingangsbereich das klassizistische Kulissenhaus von Clemens Wenzeslaus Coudray einbezieht. Anlässlich des Jubiläums 100 Jahre Bauhaus eröffnete die Klassik Stiftung Weimar am 6. April 2019 das neue Bauhaus-Museum Weimar sowie eine Ausstellung über die Moderne um 1900 im Neuen Museum am Gründungsort der legendären Hochschule für Gestaltung. Beide Häuser stehen im Zentrum eines Kulturquartiers, das die wechselvolle Geschichte der Moderne im Weimarer Stadtgefüge vermitteln wird.

Die Bauhaus-Sammlung der Klassik Stiftung reicht in die Gründungstage des Bauhauses 1919 in Weimar zurück und ist damit die älteste autorisierte Bauhaus-Museumssammlung weltweit. Unter den Sammlungsobjekten befinden sich Designklassiker wie die berühmte Tischlampe von Jucker/Wagenfeld, Metallarbeiten von Marianne Brandt, Möbel von Marcel Breuer, die Wiege von Peter Keler, Keramiken von Wilhelm Bogler und Otto Lindig sowie 40 Werke aus der Webereiwerkstatt. Bis heute ist die Sammlung auf einen Bestand von zirka 10.000 Exponaten angewachsen. Sie wird ergänzt durch eine bedeutende Kollektion zum Schaffen Henry van de Veldes und seiner Kunstgewerbeschule sowie zur Staatlichen Hochschule für Handwerk und Baukunst unter Leitung von Otto Bartning 1926–1930.

In Weimar besteht ein hervorragendes Netzwerk mit weiteren exzeptionellen Bauhaus-Sammlungen. Die Bauhaus-Universität besitzt neben anderen Exponaten die berühmten Bauhaus-Alben, die erste Fotodokumentation von Werkstattarbeiten, die Walter

Gropius ab 1922 in Auftrag gab. Das Thüringische Hauptstaatsarchiv Weimar verfügt über die komplette Registratur des Staatlichen Bauhauses in Weimar, die eine unerschöpfliche Quelle für wissenschaftliche Forschungen zum frühen Bauhaus darstellt. Im Bauaktenarchiv und im Stadtarchiv befinden sich weitere wichtige Dokumente zur frühen Bautätigkeit der Schule.

---

*Das neue Bauhaus-Museum Weimar zur Eröffnung am 6. April 2019*

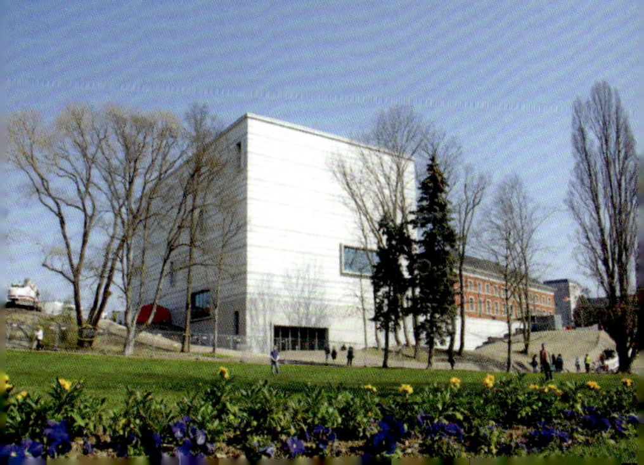

## Bauhausmuseum Tel Aviv

Das 1909 gegründete Tel Aviv verfügt mit rund 4.000 Gebäuden über die weltweit größte Open-Air-Ausstellung zu Bauten der Bauhaus-Moderne. Aus Nazideutschland geflohene jüdische Architekten brachten den hauptsächlich in Weimar und Dessau

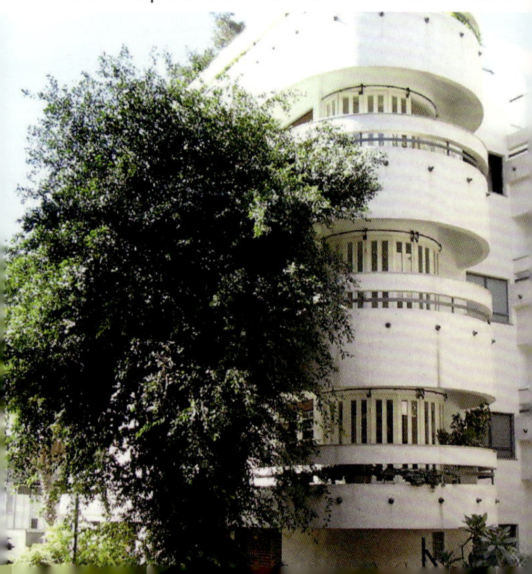

entwickelten Baustil mit in die Stadt am Mittelmeer. Nur wenige Juden, die Deutschland verlassen mussten, konnten auch für die 1920er-/1930er-Jahre typische Baumaterialien und -Ausstattungsstücke mitnehmen, darunter etwa Türrahmen, Griffe, Leuchten und Fenster. Zu sehen sind einige davon sowie Leihgaben von in Israel lebenden Sammlern im 2008 eröffneten Bauhausmuseum. Das aus den 1920er-Jahren stammende Gebäude in der Bialik Street 21 ist eines der für jene Zeit typischen „Weißen Häuser" von Tel Aviv. Der Eigentümer des Hauses, ein Kunstmäzen, stellte für das Museum rund 120 Quadratmeter des Bauwerks im Erdgeschoss zur Verfügung.

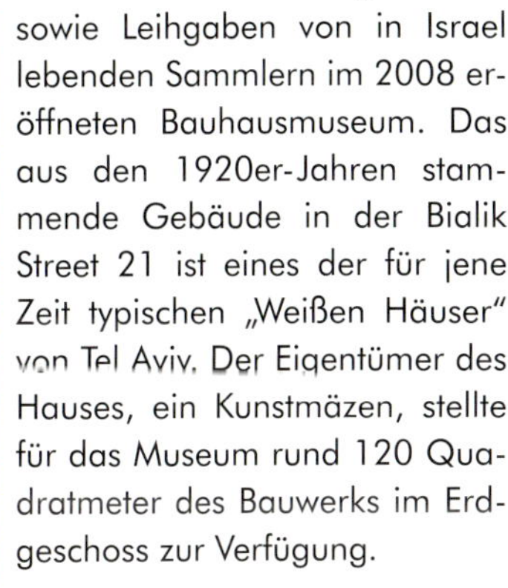

*Rabinsky Haus, Tel Aviv*

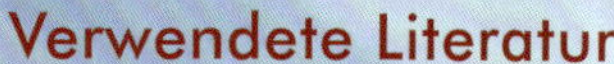

## Verwendete Literatur


- Eckhard Neumann (Hrsg.): Bauhaus und Bauhäusler – Erinnerungen und Bekenntnisse; DuMont Buchverlag, Köln 1985
- Jeannine Fiedler, Peter Feierabend (Hrsg.): Bauhaus; Könnemann Verlagsgesellschaft, Köln 1999
- Bauhaus-Archiv/ Museum für Gestaltung Berlin, Stiftung Bauhaus Dessau, Klassik

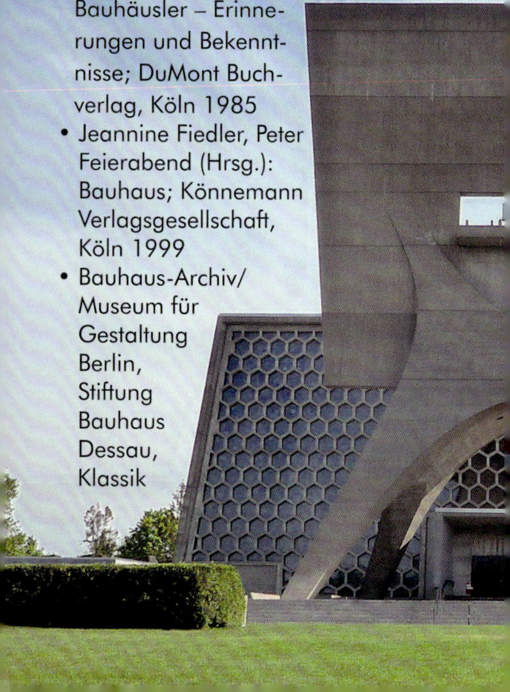

Stiftung Weimar (Hrsg.): Bauhaus Reisebuch; DuMont Buchverlag, Köln 2012

- Rainer K. Wick: Bauhaus, Kunstschule der Moderne; Hatje Cantz Verlag, Ostfildern/Berlin 2000
- Georg Dehio: Handbuch der deutschen Kunstdenkmäler – Thüringen; Deutscher Kunstverlag, Berlin/München 2003
- www.bauhaus100.de

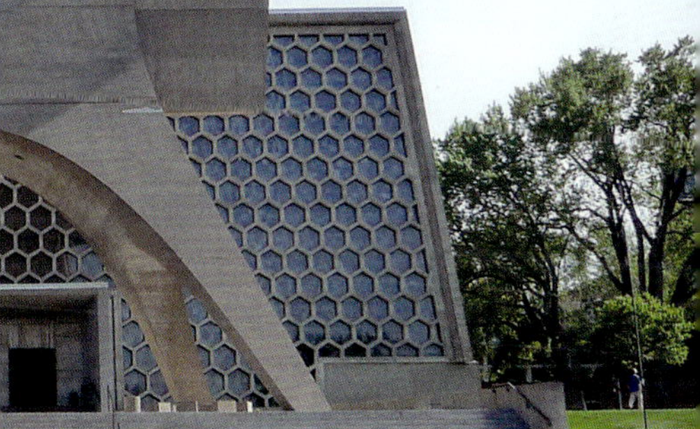

*Saint John's Abbey Church, Collegeville, Minnesota (Marcel Breuer)*

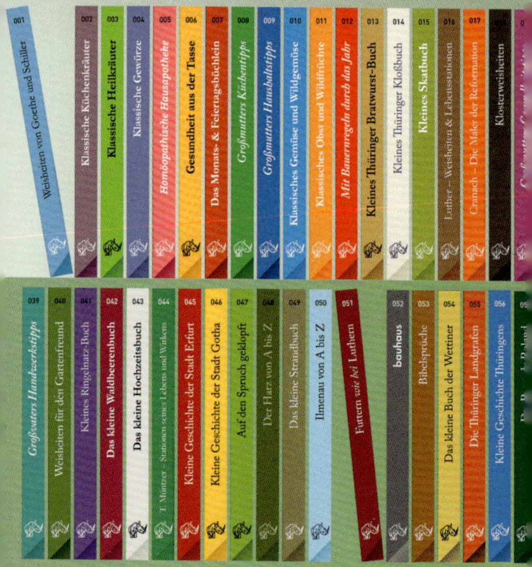

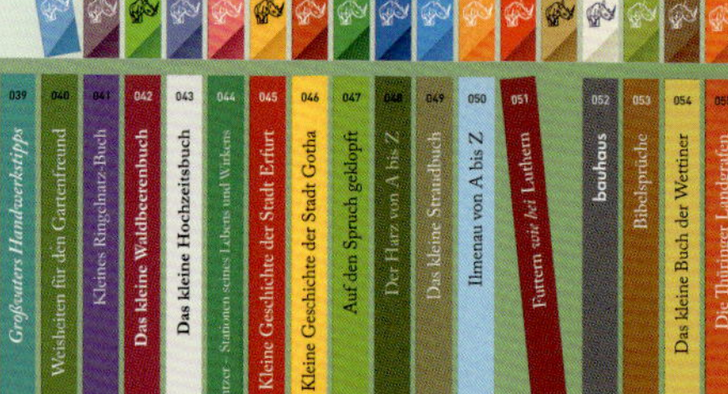
001 Weisheiten von Goethe und Schiller
002 Klassische Küchenkräuter
003 Klassische Heilkräuter
004 Klassische Gewürze
005 Homöopathische Hausapotheke
006 Gesundheit aus der Tasse
007 Das Monats- & Feiertagsbüchlein
008 Großmutters Küchentipps
009 Großmutters Haushaltstipps
010 Klassisches Gemüse und Wildgemüse
011 Klassisches Obst und Wildfrüchte
012 Mit Bauernregeln durch das Jahr
013 Kleines Thüringer Bratwurst-Buch
014 Kleines Thüringer Kloßbuch
015 Kleines Skatbuch
016 Luther – Weisheiten & Lebensstationen
017 Cranach – Die Maler der Reformation
Klosterweisheiten
039 Großvaters Handwerkstipps
040 Weisheiten für den Gartenfreund
041 Kleines Ringelnatz-Buch
042 Das kleine Waldbeerenbuch
043 Das kleine Hochzeitsbuch
044 T. Müntzer – Stationen seines Lebens und Wirkens
045 Kleine Geschichte der Stadt Erfurt
046 Kleine Geschichte der Stadt Gotha
047 Auf den Spruch geklopft
048 Der Harz von A bis Z
049 Das kleine Strandbuch
050 Ilmenau von A bis Z
051 Futtern wie bei Luthern
052 bauhaus
053 Bibelsprüche
054 Das kleine Buch der Wettiner
055 Die Thüringer Landgrafen
056 Kleine Geschichte Thüringens

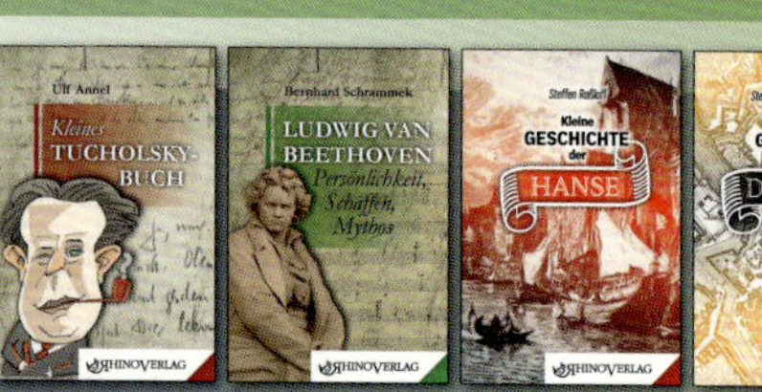
Ulf Annel
Kleines TUCHOLSKY-BUCH
RHINOVERLAG
Bernhard Schrammek
LUDWIG VAN BEETHOVEN
Persönlichkeit, Schaffen, Mythos
RHINOVERLAG
Steffen Raßloff
Kleine GESCHICHTE der HANSE
RHINOVERLAG
Steffen Raßloff
Kleine GESCHICHTE der Stadt DRESDEN
RHINOVERLAG